中道 貴洋・小澤 樹 著
Nakamichi Takahiro　Ozawa Itsuki

はじめに

この度は本書を手に取ってくださりありがとうございます。本書は，2023年に刊行された拙著『苦手さのある子も夢中になる　算数遊び＆教材アイデア』の国語編として書かれたものです。前作を執筆した後，ありがたいことに多くの方が読んでくださり，「遊びで学ぶ夢中体験のすごさを感じた」と嬉しい声を届けてくださいました。中には，収録されているアイデアを学校や家庭で実践し，勉強嫌いだったお子さんが初めて勉強の楽しさを実感できていたという知らせもありました。本当に嬉しく思います。また一方で，「国語の教え方にも困っていて，どんなアイデアがあるのかを知りたい…」という切実な声もたくさんいただきました。本書では，僕が運営している「遊びで学ぶ学習サポートコミュニティ・デキルバ」で会員の皆さんにシェアしている膨大な数の実践アイデアの中から，苦手さのある子も夢中になって国語を学べるものを収録しました。どのページを開いても，皆さんがすぐに実践できて子どもの力が育つように考え抜いたアイデアばかりだと自負しています。「国語が苦手な子に国語を教えるのは難しい…」と悩んでいる方が，「この勉強方法は楽しそう！」とワクワクし，子どもと一緒に国語の楽しさを体験できるよう尽力しました。実は，本書の一番のターゲットは，「苦手さのある子達に対して，国語をどう教えれば良いのかな？」と悩んでいる方です。

というのも，2010年に小中学校の教員を対象に実施されたベネッセ教育総合研究所による「第５回学習指導基本調査」で次のような結果が出ました。「現在，力を入れて研究している教科は？」という質問に国語を選んだ教員は約３割にも上り，全教科中トップでした。一方「指導することが得意・苦手な教科は？」という質問では，国語が得意と答えた教員は55.5%で，算数の81.7%と大きな差があります。特に経験年数の少ない教員ほど国語を教えることへの苦手意識があることもわかりました。最も研究に注力しているのに教えることは苦手という結果になったのです。

教員だけでなく，家庭で子どもの勉強を見ている保護者はもっと深刻です。僕が運営しているデキルバでも，国語力をどう育てたら良いのかということを多くの人が気にかけています。漢字の読み書きはできるけど作文は書けない。絵本の読み聞かせはたくさんしてきたけど読解ができない…。そもそも漢字が覚えられない。語彙が少ない。日常会話の言葉が未熟だと思う等，国語に関する悩みは尽きません。「書いてあることをそのまま読めばわかるのに，何がわからないのかがわからない！」という相談をこれまで数百件以上受けてきました。つまずきの原因がわからず，本人のやる気の問題だと責めてしまうケースもあります。国語が苦手な背景には，読み書き障害や聞き取り困難症，発達性協調運動障害等の凸凹が隠れていることもあります。本書では，そうした様々な背景のあるお子さんも楽しく夢中で学べるアイデアを，国語を教えることに自信がない方でもすぐに実践できるように工夫して掲載しました。また，できるだけ難解な専門用語は使わずに説明していますが，一部のページには根拠となるデータや記述を調べられるよう資料の情報も掲載しています。

子ども達が楽しく学びながら自信と好奇心を育んでいくように，子ども達の学びを支えている大人達にも自信と好奇心を持ってほしいという想いを込めて本書は執筆しています。楽しみながら根拠のある本当に効果的な方法で学んでいく。そうした学びは，子どもだけでなく大人にとっても多くの気づきをもたらしてくれます。本書のアイデアを実践しているデキルバのメンバーの中には「子どもが手紙を書いたり学校での出来事を話したりするようになったほか，子どもの勉強を見る視点が変わったおかげで言葉かけの仕方が以前と全く違うものになった。その結果，家族でとても穏やかに過ごせるようになった」という方もいらっしゃいます。本書のアイデアをあなたと目の前にいるお子さんの成長に役立てていただければ，心から嬉しく思います。

著者　中道 貴洋・小澤　樹

CONTENTS

第1章 苦手さのある子も夢中にする指導のポイント

第2章 苦手さのある子も夢中になる遊び＆教材アイデア

見る力が育つ遊び＆教材アイデア

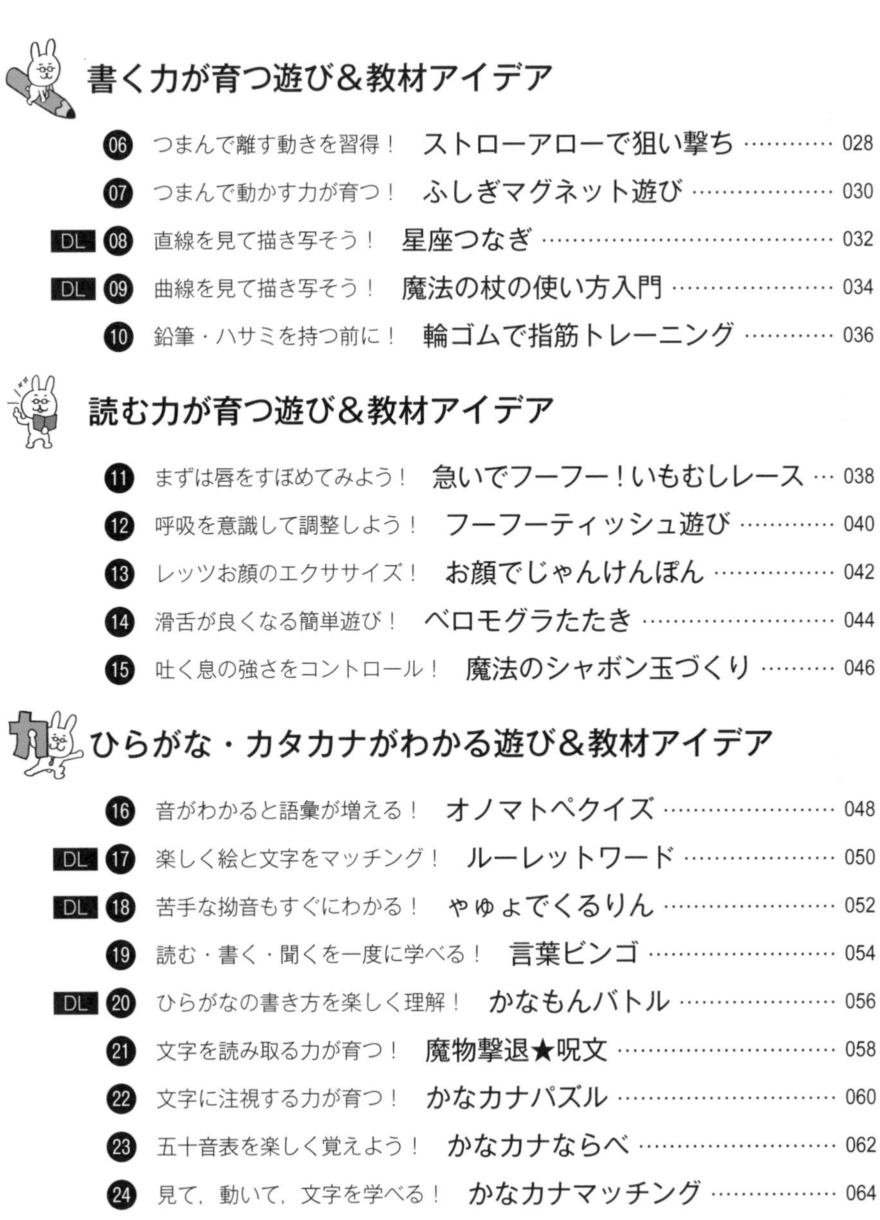

書く力が育つ遊び&教材アイデア

読む力が育つ遊び&教材アイデア

ひらがな・カタカナがわかる遊び&教材アイデア

音読が楽しくなる遊び＆教材アイデア

作文が好きになる遊び＆教材アイデア

DL 特典と使い方

QR コードから（http://meijitosho.co.jp/332436#supportinfo）アクセスすることで，DL 特典をご利用いただけます。印刷した後，本書の該当ページにある使い方を見てご利用ください。

使用上のご注意

- DL 特典をご利用いただくには PDF データを閲覧できる環境が必要です。
- 複製，頒布，販売，貸与，その他営利目的での使用はお控えください。
- データの著作権は，全て著作権者に帰属します。

第 1 章

苦手さのある子も夢中にする
指導のポイント

01 背景を考えることがはじめの第一歩

そもそも，今その勉強は適している？

「子どもが勉強をしません。どうやったら勉強好きになりますか？」という相談を月に数十件ほどいただきます。目の前の子どもが勉強を拒絶していると不安になり，なんとか勉強に取り組んでほしいと思うでしょう。本書でも，そんな悩みを解決する具体的なアプローチをお伝えしていきますが，その前に，まず考えてほしいことがあります。それは，「今やっている勉強内容や方法は本当にその子に適しているのか？」ということです。子どもの勉強の悩みで僕のところへご相談に来られる方の７割近くは，話を聞いてみると，勉強内容が難しすぎたり，勉強方法が子どもの苦手な方法だったりと「ミスマッチ」が起きていました。本書を読む前に，まず，覚えておいてほしいことは，「周りと同じ内容をやらせなきゃ」とか，「前の学年の勉強に戻ることは退化していて恥ずかしいことだ」といった意識を捨てることです。「今この学習は，この子に本当に適しているのか？」という視点を常に持ち続けること。子どもに合わせて，前の学年に戻ったり，一旦先に進んだり柔軟に捉えること。これが学習支援の第一歩です。

子どもはどうして勉強をしたがらない？

子どもが勉強を嫌がるようになったのはいつからか考えたことはありますか？　子どもは先天的に勉強を拒否するのでしょうか？　そんなことはあり

ません。産まれたばかりの子どもは周りの世界を観察し，少しずつ自分の意思で体を動かせるよう練習していき，周りの人の会話を聞いて言葉を発するなど，自らたくさんのことを学んでいきます。もちろん個人差はありますが，乳幼児期の子どもは，自ら学んで驚くほどの速さで成長していきます。それは学ぶ内容が簡単だからでしょうか？　生きることに直結しているからでしょうか？「自分に合った方法で自由に学べていたから」だと僕は考えています。音を聞くことが好きな子は，おもちゃを耳の近くでガラガラと鳴らして「これを振れば楽しい音が鳴る」と学ぶ。肌に多様な感触を感じることが好きな子は，離乳食をつかんだり毛布にくるまったりしながら「体の色々な部分で感触を感じられる」と学ぶ。そんな風に，好きなタイミングで興味のあることを自由な方法で確かめられるから，乳幼児は自ら驚くほどの速さで学習していくのだと思います。しかし，学齢期になると子どもの学習はこれと真逆と言えるほど変わってしまいます。決められた時間に，決められた場所で，決められた人達と，決められた内容を，決められた方法で学び，決められた尺度で到達度を判定される。子どもの自由意志が介入する「隙間」が，極端になくなってしまいます。これが勉強嫌いの原因の１つだと思います。

勉強の「何」が嫌なのかを探り当てる

「子どもが勉強を拒否する」とご相談に来られた中に，勉強内容ではなく，「下敷きの感触が嫌だった」という事例がありました。家や学校で，何かを書く時には必ず下敷きを使うように指導されていたのですが，その感触が嫌で勉強全般を拒否するようになっていたのです。このケースでは，子どもが納得する柔らかさの下敷きに変えることで大きく状況が改善しました。子どもはまだ上手に自分の感情を言葉にしたり，行動の原因を客観的に説明したりすることが難しいです。だから「下敷きが嫌→書くことが嫌→勉強が嫌→先生が嫌→学校が嫌…」と連想ゲームのように本質から離れた言葉を発することが多々あります。子どもの言動の背景を考えることが支援の第一歩です。

02 マッチングとトレーニングの視点

苦手を克服すべきか？　得意を伸ばすべきか？

「苦手なことに注視せず，得意なことを伸ばしましょう」という主旨の育児アドバイスを聞いたことがあるかと思います。この意見には僕も賛成です。子どものできない部分ばかりを指摘するのではなく，何ができているかをもとに学習の仕方を考えていく方がスムーズに成長へつながります。しかし，そう聞くと「子どもの苦手なことは無視して放置していても良いの？」と疑問に思う方もおられるかと思います。学習の目的を「子ども自身が生きやすくなるよう力を身につけていくこと」と考えた時，苦手なことを減らしていくことも得意なことを伸ばしていくことも，どちらも同じぐらい大切です。ここでは，苦手を克服しつつ得意を伸ばしていくための「マッチング」と「トレーニング」の視点をご紹介していきます。

手段と目的を入れ替えない

まず「マッチング」とは，本人に適した方法や道具，環境を整えていって，外的要素を本人に合わせていくという考え方です。「鉛筆での書字は苦手だけど，タブレットの文字入力ならできる」，「自力で蝶結びはできないけど，結んでくださいと近くの人には言える」等，今できることに着目して，本人が負荷をあまり感じずに目的を達成できる方法を考えます。もし今，「エプロンを着ること」が目的なら，紐を蝶結びにする部分は誰かを頼っても良いし，マジックテープタイプのエプロンを使用しても良いでしょう。これが「マッチング」です。

次に「トレーニング」とは，外的要素に適応するため，自分の力でできることを増やしていく考え方です。「鉛筆での書字が苦手だから，まずはちぎり絵で指先に力を入れる練習をする」とか，「困った時に人に助けを求められないから『○○をしてください』と他者に言う練習をする」等，今できないことに着目してスモールステップで習得できる方法を考えます。例えば「漢字が苦手」と一口に言っても，苦手なのは鉛筆で書くことなのか，漢字の形を目で見て捉えることなのか，音韻を耳で聞いて把握することなのか，熟語を日常生活の会話と結びつけることなのかで対応が全く変わってきます。書くことが嫌い←鉛筆の操作が苦手←指先の動きがぎこちない←指先に力を入れる感覚が未成熟と，原因となっていそうな要素を細分化しながら遡っていき，それが克服できるように無理のない課題を設定していきます。この時，手段と目的が入れ替わらないよう注意が必要です。例えば「指先に力が入る感覚を体験する」と目的を設定してちぎり絵をするのであれば，ちぎり絵が綺麗に作れたかどうかではなく，「指先に力を入れて紙をちぎる」という動きがねらい通り引き出せたかどうかに着目することが重要です。

「一発アウト」になる要素を減らす

苦手を減らすトレーニングはとても大切ですが，子どもへの負荷が高い上に目標を高くしていくと際限がありません。そこで，「一発アウトを減らせたら OK」と考えるようにします。「書字が苦手で自分の名前を書くことを求められた瞬間にパニックになってしまう」という子がいたら，このような一発アウトの要素がたくさんある状態では，日常生活を安心して過ごすことが難しくなります。「苦手で疲れるけど，名前なら補助を受けたり道具を工夫したりすれば書ける」という状態になれば，本人の生きやすさが随分と変わってきます。ここを目指すと支援の見通しが持ちやすくなります。

03 成長を実感できる視点の持たせ方

過去の自分と比較する

自分が本当に成長しているのかということは，学習のモチベーションを高める上で非常に重要です。しかし，学習が苦手な子ほど，同級生や兄弟と自分を比べて「自分は全然ダメだ」と，ネガティブな自己評価をしてしまっていることが多いです。評価の基準が「他者比較」になっているのです。他者比較では，学習が苦手な子は成長を実感しづらくなります。また，「自分はバカだけど，自分より勉強ができないあの子はもっとバカだ」と，極端な優劣思考でクラス内の同級生をランクづけしていた子どももいました。他者比較も使い方によっては良い効果が生まれるのですが，努力してもどうしようもない劣等感を持ち続けてしまった場合には，この子のように，自尊心を守ろうとする心の働きから，極端な思考になったり，「学習性無力感」に陥ったりしてしまいます。それらを防ぎ，自分の成長を実感しながら，学習のモチベーションを高めていくためには，「過去の自分と比較してどれだけ成長したか」という新たな評価基準を持たせることが重要です。こうした評価基準を「個人内評価」と呼びます。

褒め言葉に根拠を持つ

子どもたちに「個人内評価」の視点を獲得させていくには，まずは保護者や指導者からの働きかけが必要です。最も手軽にできる働きかけは，言葉によるフィードバックです。子どもの行動や学習結果，成果物，または学習に取り組んでいる最中の様子に着目し，具体的にフィードバックをしていきます。例えば，子どもが漢字プリントに取り組んでいる時，「がんばっていてすごいね」だけでなく，「１か月前は調べずにわかる漢字が４文字だったのに，今は調べなくても10文字もわかるようになったね！」と，根拠を持って声をかけていきます。「さっきの問題は補助が必要だったけど，この問題は自分で考えられているね！」「筆圧が前よりも濃くて安定しているね。ほら，ノートの最初のページを見てごらん」など，様々な場面でポジティブなフィードバックをすることができます。嘘やお世辞は子どもに鋭く見抜かれます。見抜かれた時の信頼関係の崩れ方や，子どものショックはとても大きいです。具体的に褒めるためには，指導者自身が普段から子どもの様子を細部に至るまで観察・記録しているかという点が重要になります。

遊びは成長を実感しやすい

成功体験を通して大人がポジティブな声かけをしたくても，周りの目を気にして，自分の力以上の課題に取り組もうとする子もいます。例えば，本人はかけ算をまだ理解できていないのに，小６だから周りと同じ分数のわり算をやろうとするというような子です。こうした場合には「遊び」を取り入れることで簡単な内容にも挑戦しやすくなります。風船をバドミントンのように互いに打ち合いながら数を２ずつ増やしていって20になればクリア。次は３ずつ増やして30でクリア等の遊びであれば，難易度を調整しつつ，楽しみながら少しずつレベルアップしていくことができます。本書では，そのような「遊び」のアイデアを，特に国語に関する療育に絞って62個収録しました。これらの学習アイデアが皆さんのお役に立ち，国語の勉強に苦手さを感じている子ども達が学ぶ楽しさを感じるきっかけになれば幸いです。

【参考文献】西松秀樹・千原孝司「教師による個人内評価と自己評価が生徒の内発的動機づけに及ぼす効果」(https://www.jstage.jst.go.jp/article/jjep1953/43/4/43_436/_pdf)

第2章

苦手さのある子も夢中になる
遊び＆教材アイデア

活動時間 5分

01 見る力・書く力の土台を育てる！ 脱出迷路つなぎ

学習内容 第１学年及び第２学年〔知識及び技能〕(3)-ウ 書写

つまずき 目で見て線の形を捉えることや筆記具を扱うことが苦手。

指導のねらい

- 楽しく遊びながら線を目で追って線形を捉える力を育てる。
- 筆記具を使って始点から終点まで短い線を引く練習を繰り返す。

準備物

- 紙と鉛筆
- ブロックなどのコマ（なくても良い）

指導の流れ

❶ あみだくじで遊びながらルールを確かめる

はじめに，「あみだくじ」で遊んで基本的なルールを確かめます。子どもに指でなぞらせたり，大人が指でなぞる様子を目で追わせたりすると良いでしょう。はじめのうちは，ゴールの代わりに「りんご・めろん・ばなな」など，どれが当たっても喜怒哀楽の差があまり出ないものを並べると，活動に集中しやすくなります。子どもの好きなものにするとより効果があります。

❷ 脱出迷路のルールを説明する

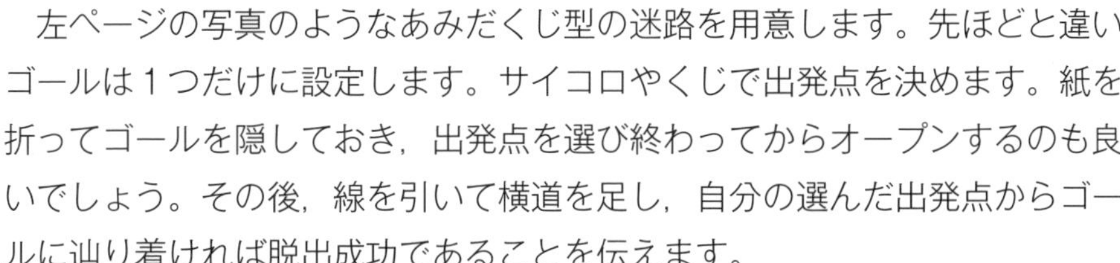

左ページの写真のようなあみだくじ型の迷路を用意します。先ほどと違い，ゴールは１つだけに設定します。サイコロやくじで出発点を決めます。紙を折ってゴールを隠しておき，出発点を選び終わってからオープンするのも良いでしょう。その後，線を引いて横道を足し，自分の選んだ出発点からゴールに辿り着ければ脱出成功であることを伝えます。

❸ 脱出迷路のルールを工夫する

脱出迷路のルールは子どもに合わせて柔軟に工夫してください。①コマを進めながら道を追加していく。②道を完全に作り終えてからコマを進める。③大人と２人対戦のような形式にし，自分の番には道を１本だけ足してから１回曲がるまで進む。そこで交代し，相手も道を１本だけ足してから１回曲がるまで進むということを繰り返す（道をつなぐ時は他の横道から指１本分の隙間をあける）など，ルールを一緒に考える過程も学習になります。

ポイント

- 学習の土台となる目の動きや筆記具の使い方を遊びながら練習できる。
- ノートの罫線をなぞったり定規を使ったりする練習にも発展できる。

活動時間 5分

02 文字をよく見る意識が芽生える！
この文字なーんだ？クイズ

学習内容　第１学年及び第２学年〔知識及び技能〕(3)-ウ 書写

つまずき　目で見て字形や構成を捉えることが難しい。

指導のねらい

- 楽しく遊びながら線を目で追って線形を捉える力を育てる。
- 見えている一部分から全体を予想し，字の構成を捉える力を育てる。

準備物

- 紙，ペン，黒い紙
- ハサミ

指導の流れ

❶ 黒い紙で覗き窓を作る

はじめに，用意した黒い紙の中央に小さな穴を切り抜いて「覗き窓」を作ります。折り紙のような正方形の紙の場合，縦半分・横半分と四つ折りにした後，できた四つの角のうち，中央になる部分をハサミで切ると良いでしょう。紙の大きさは出題したい文字の大きさに合わせて調整します。

❷ 出題する文字を書く

紙にペンで文字を書きます。文字が大きすぎると，❶で用意した黒い紙からはみ出してしまうかもしれません。逆に小さすぎると「覗き窓」から全体が見えてしまいます。お子さんに合わせて文字の大きさは調整してください。文字が大きくなるほど，全体像がわかりづらいので難しくなります。

❸ 文字に覗き窓を被せてクイズにする

❷で書いた文字に，❶で作った覗き窓を被せてクイズにします。子どもは，覗き窓から見える線の形を頼りにそれが何の文字なのかを考えます。覗き窓は大人がランダムに動かしても良いですし，子どもが自由に動かしても良いです。答えがわからない場合は，４択問題にする，ヒントを出す，覗き窓を大きくする等の方法で難易度を調整しましょう。

ポイント

- ゲーム形式の課題では，間違えたりわからなかったりした時に感情が昂る子もいるため，はじめは簡単すぎるぐらいの難易度から始めたり，予めヒントが得られることを伝えておいたりする。
- ヒントを求める行動は「援助要求スキル」にもつながる。

活動時間 10分

03 自分で間違いに気づけるようになる！

ひらがな間違い探し

学習内容 第１学年及び第２学年〔知識及び技能〕(3)-ウ 書写

つまずき 目で見て字形や構成を捉えることが難しい。

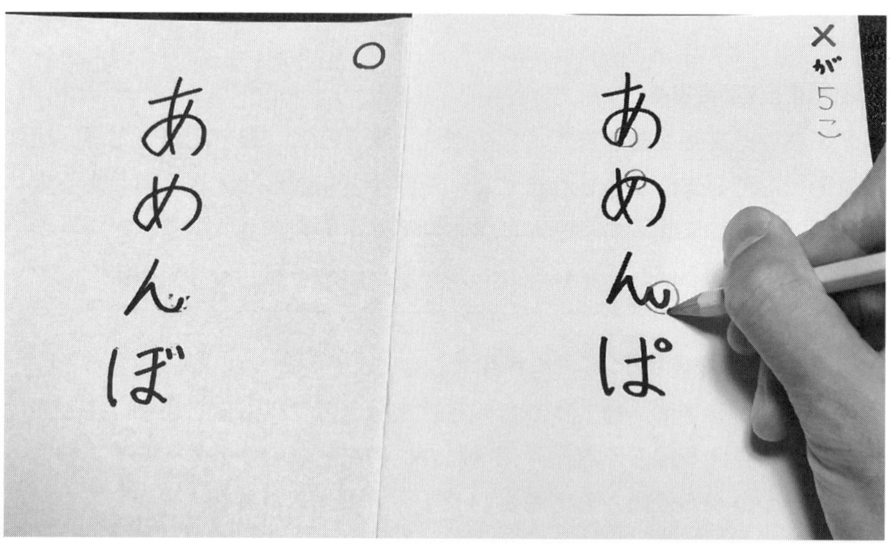

指導のねらい

- 遊びながらひらがなの正しい形を理解する。
- 自分の間違いに気づいて修正する力を養う。

準備物

- 紙とペン（もしくはPCの文字入力ができるアプリ）
- DL「ひらがな間違い探し」

指導の流れ

❶ 間違い探しを作る

まずは子どもの習熟度に合わせて「ひらがな間違い探し」を作ります。紙を半分に折って左側に正しい文字，右側に所々間違えている文字を書きます。最終的には，子どもが自分で手書きした文字の間違いに気づく力を育てたいので，手書きで問題を作成したいところです。しかし，手書きによる細かなズレが気になる子もいるので，PC で問題を作成した方が良い場合もあります。その時はフォントに気をつけましょう。おすすめは「UD 教科書体」です。また，お子さんが左利きの場合は，左側に間違えている文字，右側に正しい文字を配置した方が手本を見つつ間違いを確認しやすくなります。

❷ 間違い探しを出題する

できた間違い探しを提示し「右の文字の中には間違いが５個あります。全て見つけて丸で囲みましょう」という風に出題します。時間がかかる場合は，「この辺りだよ」と，見るべき範囲を指定する支援が必要なこともあります。間違いを見つけられたら余白や裏面，別紙に正しい文字を書いて練習します。確認した間違いポイントに注意しながら書けていたら花丸です。

❸ 単語にレベルアップしよう

１文字が簡単にクリアできてきたら，２～３文字の単語などにレベルアップしていきましょう。濁音や拗音を交ぜるのも効果があります。

ポイント

- PC で問題を作成する時は，文字入力をしてから図形などを使って文字の一部を隠す。描画機能を使って，手書き入力したものを複製した後で，形を変えるといった方法で問題を作成できる。DL 特典も活用すると良い。

活動時間 5分

04 言葉と物を一致させよう！

赤くて丸いもの探し

学習内容 第１学年及び第２学年〔知識及び技能〕(1)-オ 語彙

つまずき 身の回りのものを言葉で表すことが苦手。

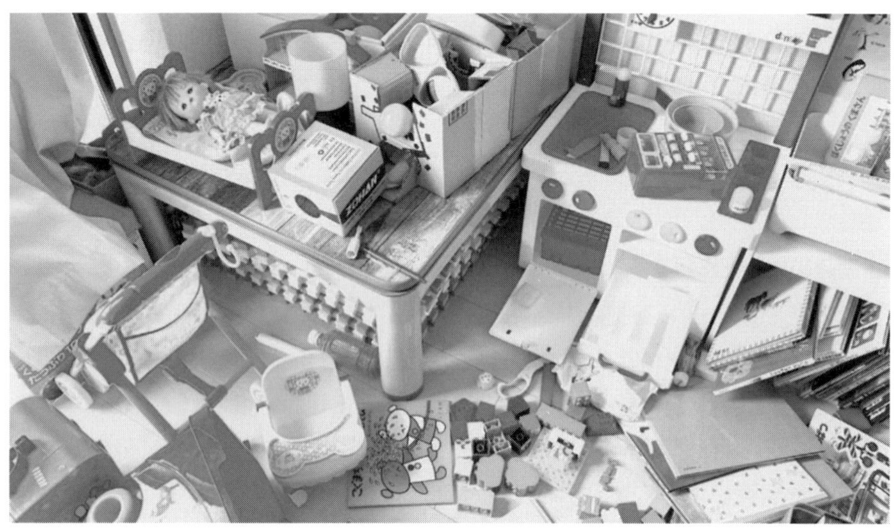

指導のねらい

- 目を動かしながら，適切に物の形を捉える力を育てる。
- 色や形，物の名前を覚えて語彙を増やす。

準備物

- 散らかった部屋や人がたくさんいる場所などの写真
- 部屋にあるものをたくさん並べても良い

指導の流れ

❶ 課題を用意する

できるだけ物や人がたくさん写っている写真を用意します。色や形（三角形や四角形，丸等）の種類が多いものがおすすめです。写真をパソコンやタブレット端末の画面に表示させて遊ぶ場合には，描画機能を使えるようにしておくと，見つけたものを○で囲むことができて楽しく学べます。

❷ 探すものを決める

写真が用意できたら，その中から何を探すか決めます。はじめは大人から「赤くて丸いものを探すよ」と伝えます。その後，子どもに「何を探すんだっけ？」と質問し「赤くて丸いもの」と答えられるか確かめます。

❸ 写真の中からお題に当てはまるものを探す

「よーい，スタート！」の合図で写真の中からお題に当てはまるものを探していきます。見つけたものには○をつけましょう。3分間などの制限時間を決めておいたり，5個見つけたらクリアなどの目標数を決めておいたりすると楽しさがアップします。「薄い青色」「細長い三角形」のように，条件を加えて探してみるのも効果があります。

ポイント

- 見つけたものの名前を確認することで語彙力の向上も図れる。
- 見つけたものの名前を大人が紙に書いて読んだり一緒に紙に書いたりすることで，ひらがなやカタカナの読み書きの学習にもなる。

活動時間
10分

05 見る力・書く力をもっと育てる！
洗濯ばさみカルタ

学習内容　第１学年及び第２学年〔知識及び技能〕(1)-オ 語彙，(3)-ウ 書写

つまずき　文字を書くための指の力が未熟・字形を認知することが苦手。

指導のねらい

- 筆記具を扱うための指先の力を育てる。
- 読字につながる物の形を目で見て捉える力を育てる。

準備物

- 洗濯ばさみ（色のついたものだと尚良い）

指導の流れ

❶ 洗濯ばさみを自由につなげて作品を作る

最初は「同じ色同士をつなげてみよう」「一直線に長くつないでみよう」というように，少ない個数でもできる活動から取り組んでいくと良いでしょう。洗濯ばさみ同士を挟んだ後に引っ張って取る作業も加えると，指先の巧緻性を高め，鉛筆等の筆記具を扱う力が育ちます。

❷ 作品を模倣して同じ作品を作る

作品ができたら，お互いの作品を模倣して同じものを作ります。「○分で同じものを作れるかな？」と制限時間をつけてゲーム感覚で取り組むと楽しさがアップします。見たものを覚えて形にする活動は，板書を書き写す時等に必要な短期記憶力を刺激することにもつながります。

❸ 作品を並べてお題と同じ形のものを探す

❷で作った作品のペアを取り札と読み札に見立ててカルタを行います。お題となる作品を１つ選び，カルタの要領でペアの作品を探します。一番早く見つけられた人が勝ちです。

ポイント

- 使った洗濯ばさみの色の名前を確認することで語彙力の向上も図れる。
- 作品に名前をつけて紙に書くことで読み書きの学習にもなる。
- 作品に名前をつけた後，ランダムに１つの作品を選び，その作品名を素早く思い出すゲームをすることで，記憶力の更なる向上につながる。

活動時間 15分

06 つまんで離す動きを習得！

ストローアローで狙い撃ち

学習内容　第１学年及び第２学年〔知識及び技能〕(3)-ウ 書写

つまずき　指先で鉛筆を操作することが苦手。

指導のねらい

- ストローをつまむ動作を通して筆記具を保持する力を育てる。
- ストローを離す動作を通して指先の力の弱め方を身につける。

準備物

- プラスチックストロー（太め＆細め），輪ゴム，ティッシュ
- 的（メッセージカードと紙コップ），カッター，テープ

指導の流れ

❶ ストローアローを作る

はじめに細めのストローで矢を作ります。ストローの先端に，弓の輪ゴムが引っかかるよう小さな切り込みを入れます。矢の先端（的に当たる方）には，小さく切ったティッシュを巻いてテープで固定します。安全性が向上し，的も倒れやすくなります。更に弓がストローの先端で引っかかるので，矢を引きすぎることがなくなります。次に太めのストローを矢よりも短くなるように切ります。そして真ん中辺りに輪ゴムを三重ぐらい巻き付けてからテープでしっかりと固定します。試し撃ちをして上手く飛べば完成です！

❷ 射的の的を作る

ストローアローを自由に発射して，飛距離や飛び方を確かめる遊びをしても十分に指先の巧緻性を高められますが，レベルアップしたい時は的を作ってみましょう。左ページの写真では紙コップの上にメッセージカードを折り曲げて作った的を用意しました。他にも台所の水切りネットを使ったポケットを狙ったり，厚紙を切り抜いた的を狙ったりするのも面白いです。

❸ 早撃ちハンターゲーム

動物のイラストが描かれた的と，それらの動物の名前が書かれたカードをいくつか用意します。次に子どもがカードを引いて動物の名前を確かめます。その動物の的を打ち抜けたら見事ハンティング成功です。

ポイント

- 弓をタピオカストローにして矢を一般的なストローにしたり，弓をラップの芯にして矢をタピオカストローにしたり工夫しても良い。
- 弓を保持しづらい子には割り箸等で持ち手を作ると良い。

活動時間 15分

07 つまんで動かす力が育つ！ ふしぎマグネット遊び

学習内容 第1学年及び第2学年〔知識及び技能〕(3)-ウ 書写

つまずき 指先で鉛筆を操作することが苦手。

指導のねらい

- マグネットをつまむ動作を通して筆記具を保持する力を育てる。
- マグネットを動かしながら目と手の協応動作を行う。

準備物

- ダンボール，厚紙，マグネット（複数）
- ハサミ，カッター，のり

指導の流れ

❶ マグネット迷路で遊ぶ

左ページの写真を参考に，ダンボールを切って迷路を作ります。迷路の道は縦横斜めの動き，ギザギザ・なみなみの動きを組み合わせることで，書字の動作につながります。迷路を進むコマ代わりのマグネットを表面に置き，裏側から４～５個のマグネットをつなげて棒状にしたものをくっつけます。このマグネット棒を動かして迷路を進むことができます。親指・人差し指・中指の３本でマグネット棒を保持することで筆記具を持つ力が育つほか，手を見ずにマグネット棒を動かしながら表面のマグネットを進められるため，目と手の協応動作を自然と行えます。

❷ マグネットホッケーで遊ぶ

マグネット棒で操作するホッケーを作ります。２枚のダンボールを両側の壁にし，両壁の間を垂直方向にもう１枚のダンボールで接着します。上から見た時に H の形になります。上面にもう１枚のダンボールか厚紙を貼り付けてホッケーの盤面にします。最後に盤面に障害物などを設置して完成です。❶の迷路と同様にマグネットを付け，ビー玉などを打ち合うホッケーゲームを行います。❶に比べて激しい眼球運動や視覚刺激に対する反応が求められるほか，ルールを守って指導者と一対一の勝負をしたり，目標回数を決めてラリーゲームをしたりする SST にも活用できます。

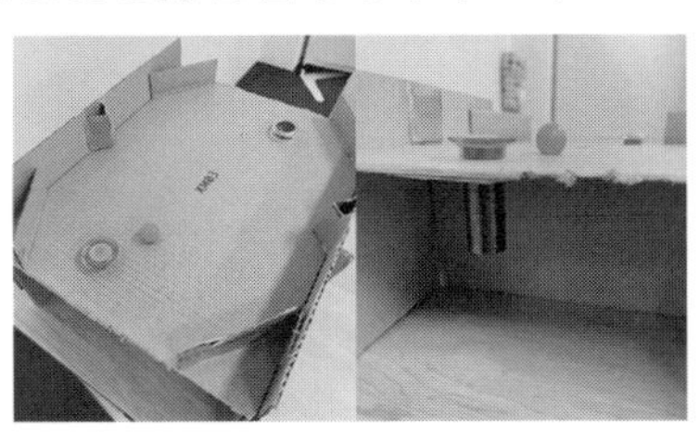

ポイント

- マグネットにペープサートを貼り付けた人形劇でも遊ぶことができる。授業で物語文を学習する際，読解の補助にも活用することができる。

活動時間 10分

08 直線を見て描き写そう！ 星座つなぎ

学習内容　第１学年及び第２学年〔知識及び技能〕(3)-ウ 書写

つまずき　字を視写することが難しい。

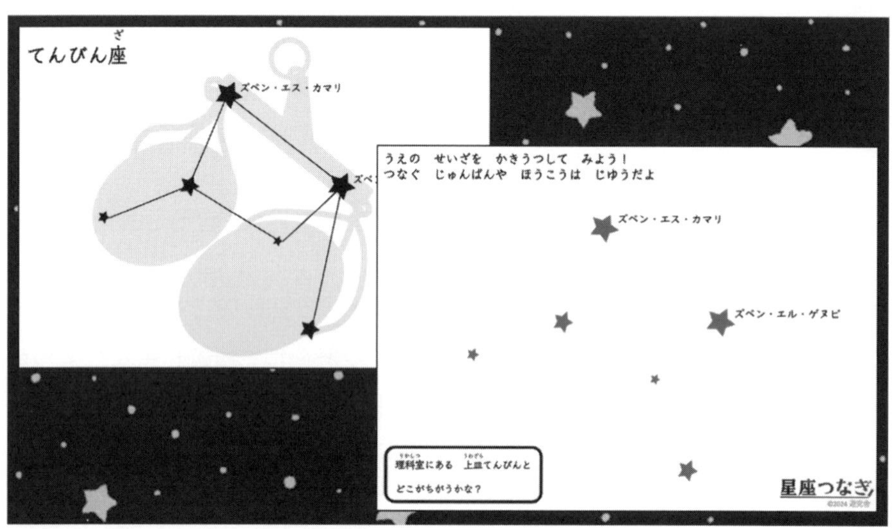

指導のねらい

- 目で線の形を捉えて短期記憶に保持する。
- 点と点の間にある空間を認識しながら線を引いていく。

準備物

- DL「星座つなぎ」
- 鉛筆

指導の流れ

❶ 星座つなぎを印刷して取り組む

DL 特典の「星座つなぎ」を印刷します。プリント上側にある星座の手本を見ながら，プリント下側の描き込み部分に線を引いていきます。既に描かれている星と手本の星座をよく見比べながら星座を完成させていきましょう。

❷ 好きな星座を自由に描く

好きな星座をいくつか選んで大きな紙に描くのも良いでしょう。白紙に鉛筆で描くのも良いですが，黒画用紙に白マジックで描く等の工夫をするとより一層盛り上がります。また，図工のスクラッチアートと組み合わせて割り箸で自由に星空を描く活動も楽しめます。様々な画材を使って「線を描くこと」に慣れ親しんでいくと楽しく充実した学習活動になっていきます。

書く力

❸ 自分で星座を考えてみよう

上記の活動に慣れてきた子や，手本を見て正しく描く活動が苦手な子なら，オリジナルの星座を考える活動も取り入れてみましょう。「星座つなぎ」の手本を使って「これは何座でしょう？　ヒントは…」という風に星座クイズをしながら，線の形に注視する活動をした後でオリジナル星座を考えていくとアイデアが浮かびやすくなります。

ポイント

- 線の始点と終点を意識しながら描画していくことで，空白のマスのどこから，どの角度で，どこまで線を引けば良いかを予測できる力が育つ。
- 教材を印刷する際，「４枚を用紙１枚にまとめて印刷」をすると，手本と線描のスペースが小さくなり，字を視写する時の状態に近づく。

【参考サイト】「88星座図鑑」（https://www.study-style.com/seiza/）

活動時間 5分

09 曲線を見て描き写そう！ 魔法の杖の使い方入門

学習内容 第１学年及び第２学年〔知識及び技能〕(3)-ウ 書写

つまずき 字を視写することが難しい。

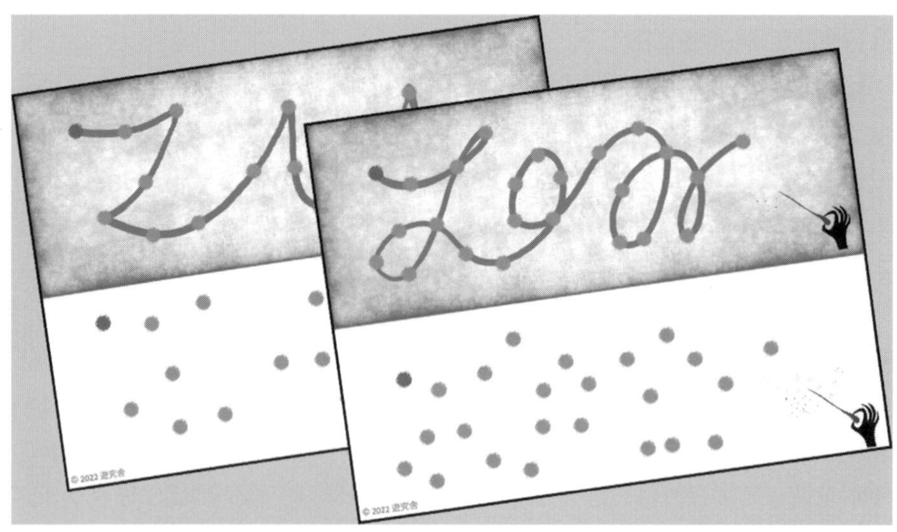

指導のねらい

- 目で線の形を捉えて短期記憶に保持する。
- 点と点の間にある空間を認識しながら線を引いていく。

準備物

- DL 「魔法の杖の使い方入門」
- 鉛筆

指導の流れ

❶ 教材を印刷して取り組む

DL 特典の「魔法の杖の使い方入門」を印刷します。プリント上側にある手本を見ながら，プリント下側の描き込み部分に線を引いていきます。これは⓼「星座つなぎ」と同じですが，星座つなぎに比べて曲線が多く，ひらがなの書字により近い運筆になるようになっています。また，点の数が増えて線の形も複雑になっています。僕が運営しているデキルバでは，書字の困難さで相談に来られる方の多くにまずこの教材をおすすめしています。これをスムーズにクリアできるかどうかが，見る力・指先の力・短期記憶などを測る上での１つの指標にしやすいからです。余談ですが，この教材に苦戦する子どもの様子を見て保護者の方が眼科に相談したところ，弱視などが判明したケースもありました。眼鏡を着用した上で，再度この教材に取り組んでいったところ，現在では書字や読字がスムーズにできるようになったそうです。

❷ 難易度を調整して取り組む

印刷した教材にそのまま取り組むだけでは難しい子は，手本を指でなぞる→グーで握った鉛筆でなぞる→３点持ちした鉛筆でなぞるという風に，段階的に練習をしていきましょう。滑らかに曲線や円を描く動きの練習から始めます。逆に，簡単すぎる場合には難易度を上げることも可能です。手本をしばらく見た後，紙で隠す等して手本を見えないようにします。記憶を頼りに線を描くことができるか挑戦してみましょう。印刷時に「４枚を用紙１枚にまとめて印刷する」設定をして小さくすることも難易度アップになります。

ポイント

- 課題の難易度や取り組み方を調整しながら子どものつまずきの背景に何があるのかを調べる。

活動時間 5分

10 鉛筆・ハサミを持つ前に！

輪ゴムで指筋トレーニング

学習内容 第１学年及び第２学年〔知識及び技能〕(3)-ウ 書写

つまずき 筆記具を保持して字を書くことが難しい。

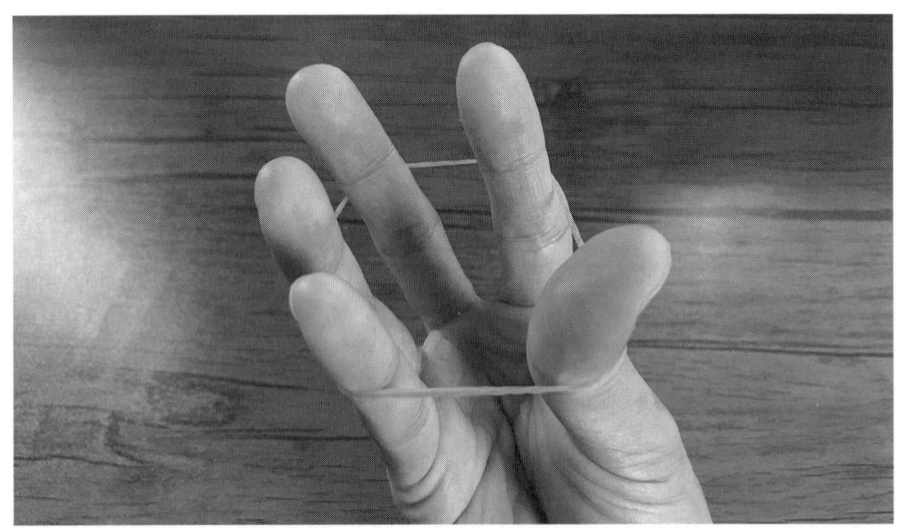

指導のねらい

- 手のひらや指に力を入れる感覚を養う。
- ５本の指をそれぞれに動かす感覚を養う。

準備物

- 輪ゴム

指導の流れ

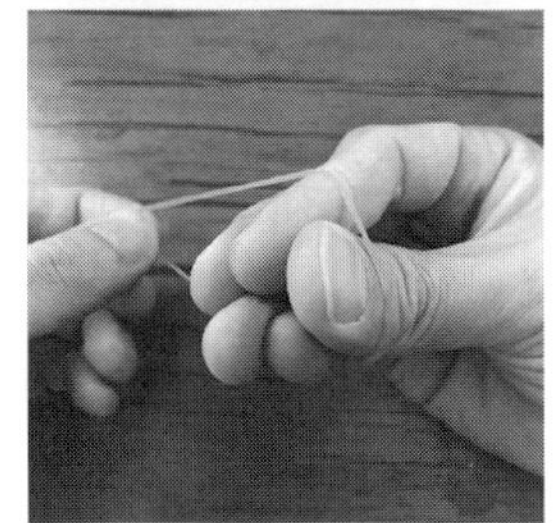

❶ 5本の指を輪ゴムに通す

鉛筆を操作する手の指を，５本の指先を合わせるような形にします。その後，指を輪ゴムに通して指の第一関節辺りで保持します。輪ゴムが緩かった場合は一度捻って二重にします。これで準備完了です。

❷ ゲームにチャレンジ

輪ゴムに指を通した状態で色々な動きをしてみましょう。基本は閉じたり開いたりする動きです。握力や指の力が弱い子は親指だけが離れて，あとの４本の指がくっついたまま開閉していることがあります。親指以外の４本を離せるかに挑戦してみましょう。また，動かす指を１本ずつ変えながら動かしてみるのも良いです。10秒間に何回開閉できるか等に挑戦してみましょう。

❸ UFOキャッチャーゲーム

輪ゴムに指を通したまま，UFOキャッチャーのように色々なものをつかんで持ち上げるゲームも楽しく指の運動ができます。文房具や玩具などを持ち上げ，決められた位置で離していきます。大きさや個数でポイントを決めても良いでしょう。輪ゴムの力によって自分が力を入れていなくても物をつかめる感覚が体験できます。この感覚は鉛筆を保持する際，指から余計な力を脱力する感覚に似ています。

ポイント

- 筆記具を保持する「親指・人差し指・中指」の力の向上のほか，書字の際に手首を支える「薬指・小指」の安定が期待できる。

活動時間 15分

11 まずは唇をすぼめてみよう！

急いでフーフー！いもむしレース

学習内容 第１学年及び第２学年〔知識及び技能〕(1)-ク 音読・朗読

つまずき 文字を声に出して読むことが難しい。

指導のねらい

- 音読をする際に重要な「口輪筋」に力を入れる練習をする。
- 楽しく遊びながらいもむしがゴールした時の達成感を味わう。

準備物

- 折り紙
- ハサミ，ストロー，色マジック

指導の流れ

❶ いもむしを作る

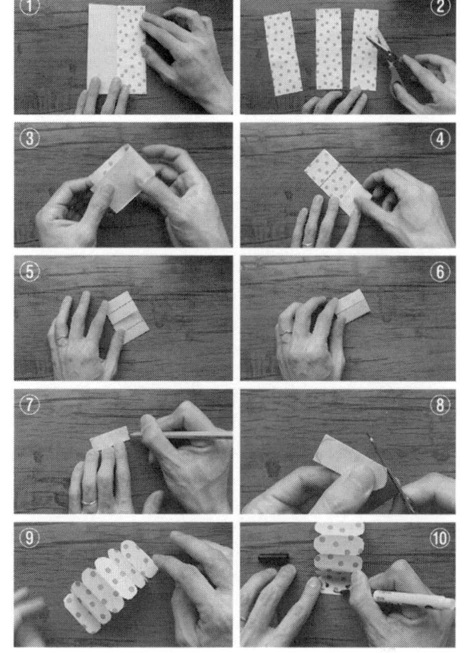

折り紙を３等分に折ってから線に沿って切ります（①・②）。

ちょうど３等分にしなくても，大体５cm ぐらいの幅になれば OK です。できた短冊を横半分に折って一度広げます（③）。

短冊の両端を４等分になるよう折り線に合わせて折ります（④）。更に半分に折ります（⑤・⑥）。

折り畳んだ両端に丸く線を描いてハサミで切ります（⑦・⑧）。

広げてからアーチ状になるように折り目を調整し，マジックで顔を描けば完成です（⑨・⑩）。

読む力

❷ いもむしレース

いもむしにストローで上から息を吹きかけると，ペッタンペッタンと尺取り虫のような動きをしながら進んでいきます。スタートとゴール地点を決めてレースをすると，楽しく口周りの筋肉を刺激できます。レースの他には鬼ごっこをしてみても盛り上がります。

ポイント

- いもむしが上手に進まない時は，左ページの写真を参考にいもむしの腰の辺りに息を吹きかける印をつけると良い。ストローを近づけても効果あり。

活動時間 5分

12 呼吸を意識して調整しよう！ フーフーティッシュ遊び

学習内容 第１学年及び第２学年〔知識及び技能〕⑴ - ク 音読・朗読

つまずき 文章をすらすらと読むことが難しい。

指導のねらい

- 音読をする際に重要な「口輪筋」に力を入れる練習をする。
- 吐き出す息の量を意識的に調整できるよう練習する。

準備物

- ティッシュ，曲がるストロー
- ハサミ

指導の流れ

❶ ティッシュ玉飛ばし

曲がるストローの飲み口側の先端にハサミで複数の切り込みを入れて広がるようにします（シャボン玉の吹き口のような状態です）。次にティッシュを小さくちぎって丸めた玉をストローの先端にセットします。ストローの反対の口を咥えて息を吹き込めば，ティッシュ玉が飛んでいきます。このまま，飛距離を記録したり，障害物を越えていくゴルフのような遊びをしたりしても楽しく口輪筋の運動になります。また左ページの写真のように，ひらがな表を下に置き，その上にティッシュ玉を着地させます。ティッシュ玉がどのひらがなのマスに止まったかを記録しながら10回ほど繰り返します。最後に，記録したひらがなを組み合わせて言葉を作れたらクリアというルールで遊ぶと語彙の増加や発音の練習も同時に行えます。

❷ ティッシュ浮かしチャレンジ

息の力でティッシュをどれだけ浮かせていられるかを競う遊びです。必要なものはティッシュだけなので道具が手元になくてもすぐに遊べます。はじめに２枚重ねになっているティッシュの１枚を剥がして軽くします。そして，壁の近くに移動し，ティッシュを手で壁にくっつけた後，息を吹きかけながら手を離します。手を離した状態でも息の力でどれだけティッシュを浮かし続けられるかチャレンジします。ややザラザラしている壁なら，上手く呼吸のタイミングを合わせることで長時間浮かし続けることができます。大人が手本で見せてあげると，子どもから非常に驚かれます。

ポイント

- 子どもと目標との距離を変える，ティッシュを他のものに変える等の方法で吐き出す息を強くしたり弱くしたりする力加減を学んでいく。

活動時間 5分

13 レッツお顔のエクササイズ！ お顔でじゃんけんぽん

学習内容 第１学年及び第２学年〔知識及び技能〕(1)-ク 音読・朗読

つまずき 文章をすらすらと読むことが難しい。

指導のねらい

- 音読をする際に重要な口輪筋や表情筋を大きく動かして刺激する。
- 気分を盛り上げ，学習に前向きに取り組む雰囲気を作る。

準備物

- 恥を捨てて全力で楽しむ気持ち

指導の流れ

❶ ルールを説明する

まずは子どもに「お顔でじゃんけんぽん」のルールを説明します。勝ち負けは通常のじゃんけんと同じですが，手を使わずに顔の表情でグーチョキパーを表します。グーは，顔にギューッと力を入れて目や鼻や口を中央に集めるような硬いイメージの顔をします。チョキは，顔をイーッと横に広げて頬を引っ張られているような顔をします。パーは，目も口も鼻の穴もできるだけ大きく広げます。左ページの写真をぜひ参考にしてみてください。渾身の写真です。これぐらい顔を大きく動かさないと，何の手を出しているのかが判別しづらいという理由もあります。

❷ お顔でじゃんけんぽんをしてみよう

出し方がわかったら早速遊んでみましょう。「最初はグー」から始めると顔がほぐれやすくなります。中には「グー」で目を瞑ったまま，ずっと固まる子もいますので，「ちょっと目を開けてみて」と声をかけてあげてください。口を閉じたり大きく開けたりするので自然と声が出せなくなります。静かにウォーミングアップをしたい時に最適です。

❸ お顔であっち向いてホイ

「じゃんけんをして勝ったらあっち向いてホイをする」というルールを追加して遊んでも楽しめます。「あっち向いて…ホイ！」と同時に指示する側も顔を動かします。受ける側は同じ方向を向いてしまったらアウトです。

ポイント

- 人前で表情を大きく変えることに抵抗がある場合は，大人は顔でじゃんけんをして子どもは手を出すといったコミュニケーションでも OK！

読む力

活動時間 5分

14 滑舌が良くなる簡単遊び！
ベロモグラたたき

学習内容 第１学年及び第２学年〔知識及び技能〕⑴-ク 音読・朗読

つまずき 文章をすらすらと読むことが難しい。

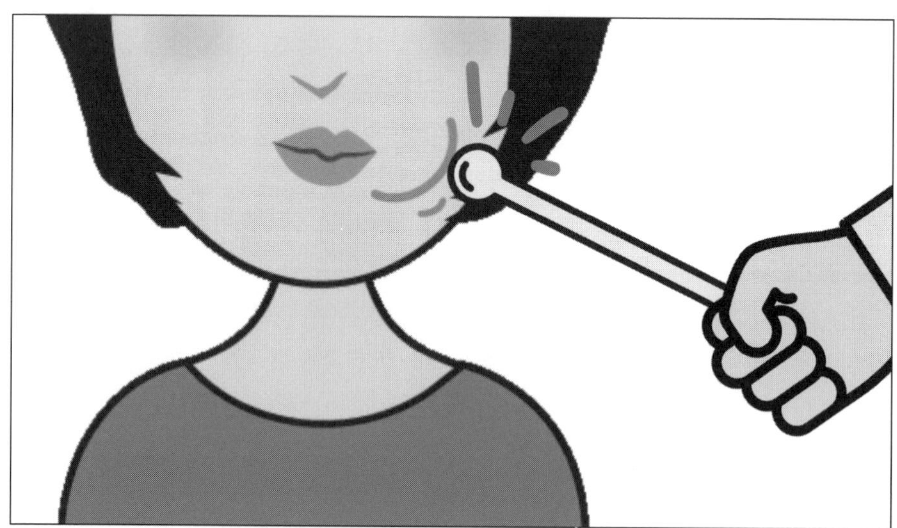

指導のねらい

- 音読をする際に重要な舌の動かし方を練習する。
- 自分の口腔内の形状を感覚的に把握する。

準備物

- 清潔で先端が丸みを帯びている棒状のもの

指導の流れ

❶ ルールを説明する

まずは子どもに「べロモグラたたき」のルールを説明します。子どもがモグラ役，大人がモグラたたき役になって遊びます。モグラ役の子どもは，上唇と下唇をくっつけた状態で，舌を口腔の内側から外側へ向けて皮膚が盛り上がるぐらい押し出します。舌を押し出す場所は頬でも，鼻と上唇の間でも，顎と下唇の間でもどこでも OK です。モグラたたき役の大人は，子どもの皮膚が盛り上がった場所を，清潔かつ安全な棒で優しく触れます。

❷ 連続タッチをしてみよう

いきなり激しく舌を動かしてモグラが逃げ回ってしまうと，舌の動きが十分に確保されません。まずは「モグラの頭に10回連続でタッチできたら２人ともミッションクリア」というルールで，舌をゆっくり大きく動かすところから始めてみましょう。慣れてきたらタッチする回数を増やしたり，大人が「いーち！にーい！」とかけ声をかけてそのリズムに合わせたりしながら遊んでみましょう。

❸ モグラ親分の命令を聞く

子どもはモグラ役のまま，大人が親分となって指示を出します。親分が「右」と言った時は子どもから見て右側に舌を押し出します。指示通りに舌を動かせたら OK です。方角や○時の方向等を取り入れることもできます。

ポイント

- 子どもの構音障害には「舌小帯短縮症・舌癒着症」が原因となっている時もある。その時は無理に動かさず，専門医に相談した上で指示に従う。

【参考文献】小児科と小児歯科の保健検討委員会「舌小帯短縮症の考え方」（『小児保健研究』72巻5号　日本小児保健協会）

活動時間 20分

15 吐く息の強さをコントロール！
魔法のシャボン玉づくり

学習内容 第１学年及び第２学年〔知識及び技能〕(1)-ク 音読・朗読

つまずき 正しい発声，発音が難しい。

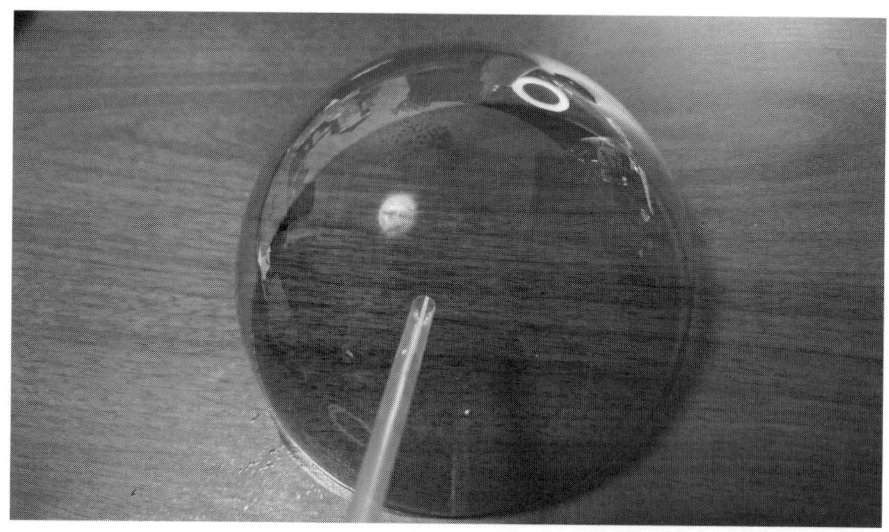

指導のねらい

- 長く息を吐くことを通して口周りの筋肉を鍛える。

準備物

- 水，洗濯のり，食器用洗剤（界面活性剤30％以上のもの），砂糖
- ストロー，濡れ布巾（事前に机を拭くとシャボン玉が作りやすい），シャボン液を混ぜる容器

指導の流れ

❶ シャボン液のレシピを作る

水に食器用洗剤やその他の材料を混ぜてシャボン液を作ります。ただ混ぜるだけでも良いですが，下記のようなレシピを作ると読む練習になります。

〈まほうの シャボンだまの つくりかた〉
まず，うつわに 水を 100mL 入れます。つぎに，せんたくのりを 50mL 入れます。それから，せんざい 10mL と さとうを すこしだけ 入れます。

❷ シャボン玉で遊ぼう

できたシャボン液をストローの先につけて，シャボン玉遊びをしてみましょう。子どもがストローでシャボン液を吸ってしまわないよう，ストローの先をハサミで縦に切ってタコ足のようにしておきます。また，唇で咥えることが難しい子の場合は，針金を輪にしたものを用意します。大きなシャボン玉が作れるよう，唇をすぼめて適切な強さの息を長く吐く練習をしましょう。

❸ シャボンスイカゲーム

シャボン玉を机の上で膨らませます。すると右の写真のように割れた時にシャボン玉の跡が残ります。その大きさを見て，何の果物と同じぐらいの大きさかを考えます。さくらんぼ→いちご→みかん→りんご→めろん→すいかと，大きく膨らませることができるかチャレンジします。

ポイント

- 大人が果物の名前が書かれた紙を見せ，その大きさに合わせたシャボン玉を作る遊びをすると，読字と呼吸と目で見て大きさを把握する練習になる。

活動時間 10分

16 音がわかると語彙が増える！

オノマトペクイズ

学習内容 第１学年及び第２学年〔知識及び技能〕(1)-オ 語彙

つまずき 文をすらすら読むことが苦手で，内容の理解も難しい。

指導のねらい

- オノマトペを通じて理解できる語彙を増やしていく。
- リズムを感じながらひらがな，カタカナに慣れ親しんでいく。

準備物

- 紙，ペン（もしくは文字入力ができるPC）

指導の流れ

❶ オノマトペクイズを作成する

左ページの図を参考に「オノマトペクイズ」を作ります。左ページの問題は，「主語＋オノマトペ＋述語」というシンプルな形にしています。この形以外にも「ゴロゴロと　ころがる　いわ」のような名詞を修飾する形にしても良いですし，絵を見て「ブーブー・ニャーニャー・ザーザー」という名詞を表したオノマトペを選ぶ形式でも良いです。子どもの実態に合わせて自由に作っていきましょう。イラストを挿入する場合は，インターネットから使用可能な画像を DL し，PC の文字入力ソフトで作成すると簡単に作成できます。もちろん手書きでも OK です。手書きの場合は，子どもに合わせて授業中にすぐ問題を作れるという利点があります。文に合う絵を子どもに描いてもらえば，状況をイメージできているかも確かめられます。

❷ 自分でオノマトペクイズを作ってみる

大人が作ったクイズで遊び慣れてきたら，オリジナルクイズづくりにも挑戦してみましょう。犬や雨等の共通認識が持ちやすい名詞以外に，食べ物や人物等で作ってみると「えぇ!? そんな音 !?」と自他の感覚の違いに気づくきっかけにもなって楽しめます。

ポイント

- オノマトペは動詞や形容詞等の表している状態を，より明確かつわかりやすく伝える効果があり，子どもが語彙を獲得する時に重要な役割を果たす。
- オノマトペの多くは１～２文字の「核」を繰り返す形で構成されており，語の音やリズムから情報を把握しやすい。国語が苦手な子に効果がある。

【参考文献】中西一彦「幼児期の言語獲得におけるオノマトペの役割」関西国際大学教育総合研究所『教育総合研究叢書＝Studies on education』

活動時間 10分

17 楽しく絵と文字をマッチング！ ルーレットワード

学習内容 第１学年及び第２学年〔知識及び技能〕(1)-オ 語彙

つまずき 語のまとまりを捉えて読むことが難しい。

指導のねらい

- 単語単位で文字のまとまりを意識する。
- 手を動かす運動刺激を用いながら学習する。

準備物

- DL「ルーレットワード」
- ハサミ，テープ，炭酸飲料のペットボトル（500mL）

指導の流れ

❶ シートを印刷する

本書にはDL特典として「ルーレットワード」のテンプレートを7種類収録しています。子どもの好きなテーマや書かれている文字の難易度に合わせて好きなものを印刷してください。

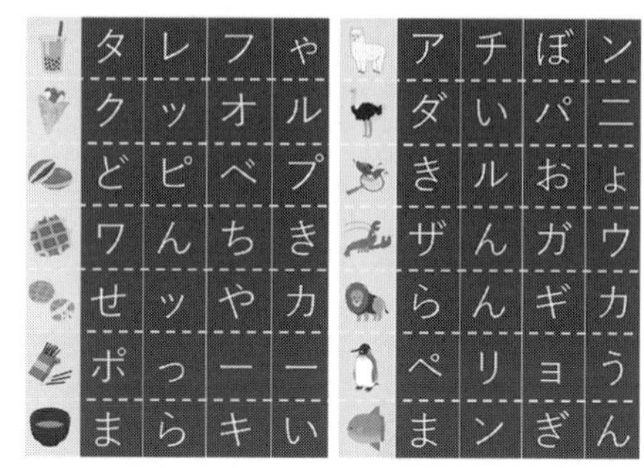

❷ ルーレットワードを作る

印刷できたら，シートをハサミで縦に切ってルーレットを作っていきます。ルーレットというよりもスロットマシーンに近い形状になっていますが，子どもがわかるようルーレットと呼びます。縦長に切り離せたら順番を間違えないよう気をつけながらペットボトルに巻き付けてテープでシートの端同士を留めます。この時，シートはそれぞれが回転するようにしたいので，他のシートやペットボトルと接着しないよう気をつけてください。

❸ ルーレットワードで遊ぼう

左端の絵に合うよう，正しい順番に文字を並べ替えてみましょう。集中して1文字ずつ確認するため，文字を視認する力が育ちます。頭文字がひらがなかカタカナかも判断のヒントになります。絵に合うように並べ替えられたら成功です。この時，他の絵の部分はデタラメな文字の並びになっています。この文字を読み上げることも楽しく文字を認識・発音する学習になります。

ポイント

- 清音，濁音，半濁音，促音，拗音を包括的に収録している。子どもの発音や理解度に合わせて指定するイラストを調整すると良い。

活動時間 10分

18 苦手な拗音もすぐにわかる！ やゅょでくるりん

学習内容 第１学年及び第２学年〔知識及び技能〕(1)-オ 語彙

つまずき 「きゃきゅきょ」等の拗音の識別が難しい。

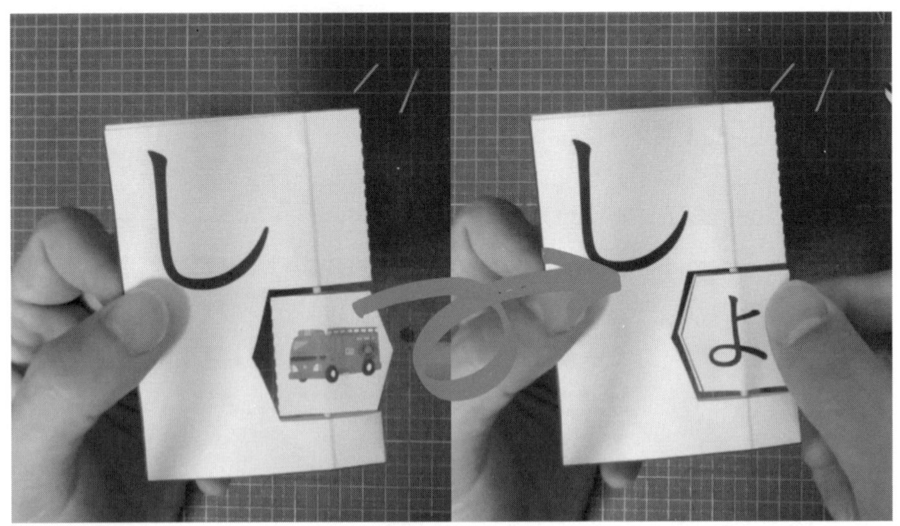

指導のねらい

- 身近なものの名前（音）と拗音の文字を一致させる。
- ３択クイズ感覚で楽しく遊びながら拗音の学習をする。

準備物

- DL 「ゃゅょでくるりん」
- ハサミ，テープ，のり，つまようじ

指導の流れ

❶「ゃゅょでくるりん」を作る

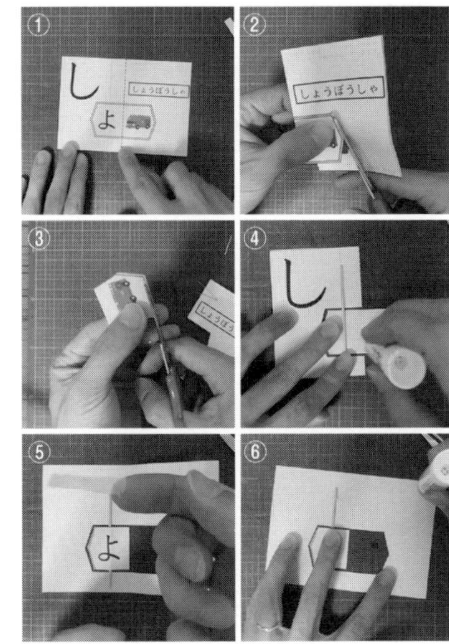

DL 特典からシートを印刷して切り分けます。中央の点線に沿って半分に折ります（①）。小書き文字とイラストの部分（背景が薄黄色）を切り取ります（②）。切り取ったイラスト部分の余白も切り落とします（③）。イラスト部分を一度開き，つまようじを中央に設置してテープやのりで接着します（④）。大きな紙パーツを一度開き，④で作ったパーツを設置してテープで固定します（⑤）。最後にのりを裏面に塗って貼り合わせれば完成です（⑥）。つまようじを軸に小書き文字とイラストがくるくると回転するかチェックしてください。

❷ 拗音クイズにチャレンジ

はじめにイラスト側が子どもに見えるよう提示します。イラストを指差して「これなーに？」と質問します。「しょうぼうしゃ」と答えられたら，「では消防車の【しょ】は，【し】に小さい何をつける？」と質問します。すぐに答えが出てこない場合は「小さいやゆよのどれかだよ」と３択にしましょう。イラストをくるんと回転させて答えを確かめます。

ポイント

- 拗音の発音が難しい場合は，手拍子をしながら「しーよーしーよーしょしょしょ」と「しーよー」を二拍，「しょ」を一拍で表してリズムをつかむ。

活動時間 10分

19 読む・書く・聞くを一度に学べる！

言葉ビンゴ

学習内容 第１学年及び第２学年〔知識及び技能〕(1)-オ 語彙，(3)-ウ 書写

つまずき 知っている語彙が少ない。集中して話を聞くことが難しい。

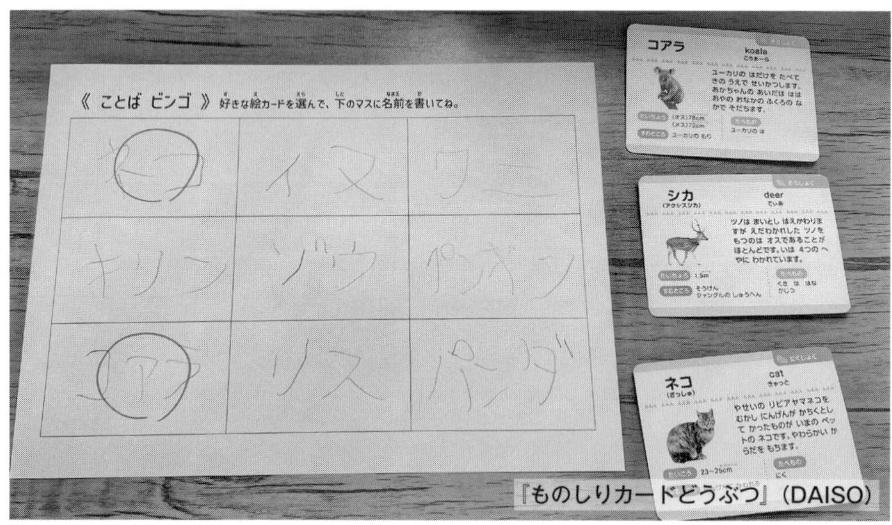

『ものしりカードどうぶつ』（DAISO）

指導のねらい

- 身近なものの名前（音）と文字を一致させる。
- ビンゴゲーム感覚で楽しく遊びながら言葉の学習をする。

準備物

- 紙，鉛筆
- 絵カード（もしくはルーレットアプリ）

指導の流れ

❶ ビンゴシートを作る

はじめにビンゴシートを作ります。子どもに縦３マス×横３マスに区切った紙を渡します。このマスの中に指定した絵カードの中から好きなものの名前を選んで書き込みます。乗り物・動物・食べ物といったメジャーなものの他に，遊び・感情・動作・先生の名前などをテーマに選んでも良いです。絵カードがない場合は子どもと一緒に話し合いながら作ってみましょう。

❷ 絵カードでくじ引きをする

先ほど指定した絵カードを，箱や袋といった中身が見えないものの中に入れてよく混ぜます。その中から１枚を取り出して，❶で書いたビンゴシートの中に名前があるかを確認します。声に出して読み上げ，名前があれば○をつけます。その後，ビンゴゲームの要領で絵カードを引いていきます。絵カードがない場合は，ルーレットアプリに候補となるワードを入力していきます。９マスに対して20～30候補あるとちょうど良い遊び応えになりますが，授業時間や子どもの実態に合わせて調整してください。

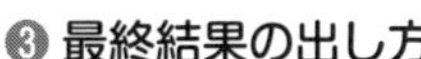

❸ 最終結果の出し方

ビンゴゲームなので，早くビンゴになることもあれば，全くビンゴにならないこともあります。まだ○が少ない子のシートの中からランダムに１つを選ぶチャンスタイムのような救済措置を設けるほか，早く終わった子は発表されたカードを黒板に書く等，何をすれば良いかを事前に指示しておきます。

ポイント

- 既に発表された単語を聞き逃していて，いつまでもビンゴにならない子がいないかをこまめに確かめるとともに，話を聞く練習になるよう心がける。

活動時間 10分

20 ひらがなの書き方を楽しく理解！

かなもんバトル

学習内容 第１学年及び第２学年〔知識及び技能〕(1)-ウ 読字，(1)-オ 語彙，(3)-ウ 書写

つまずき ひらがなの読み書きがまだ定着していない。

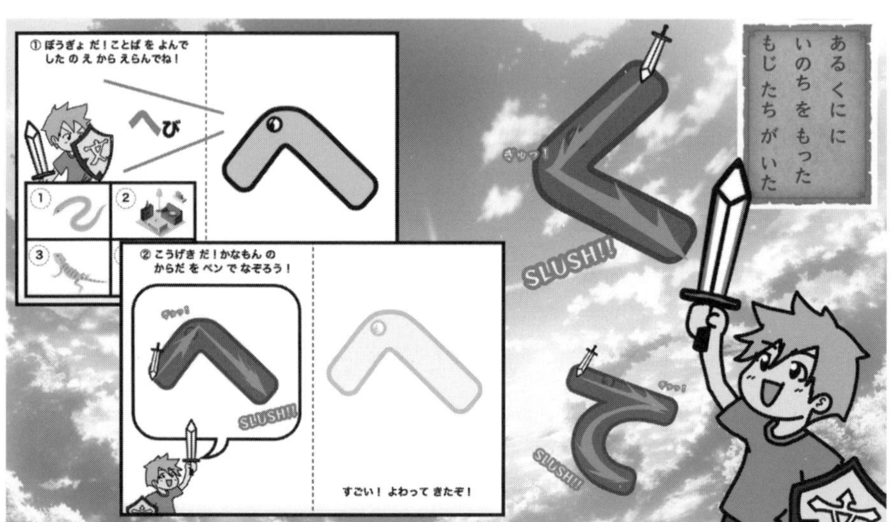

指導のねらい

- 楽しくひらがなの読み書きの学習を行う。
- 遊びを通して語彙を増やす。

準備物

- DL 「かなもんバトル」
- ハサミ，鉛筆

指導の流れ

❶「かなもんバトル」を印刷する

DL 特典から「かなもんバトル」を印刷します。印刷すると右の図のような形になっています。真ん中の点線で山折りした後，直線部分をハサミで切ります。

❷ 折ってミニブックの形にする

直線部分をハサミで切ったら一度元の状態に開いて，今度は細長い形になるよう山折りにします。

その後，右の図のように山折りと谷折りが交互になるよう折り目をつけていきます。すると，ミニブックが完成します。

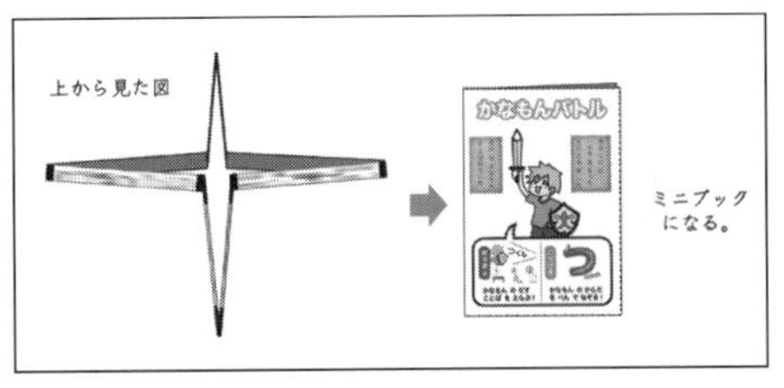

❸ かなもんバトルで遊ぼう

かなもんバトルは，かなもん（ひらがなの形をしたモンスター）が指示した単語を読んで正しいイラストを選ぶ「防御」と，かなもんの体を見本通りにペンでなぞる「攻撃」に分かれています。2回ずつ繰り返せばクリアです。クリア後は図鑑ページで言葉を確かめたり，なぞり書きをしたりましょう。

ポイント

- ミニブックで学習するほか，ミニブックを書画カメラでテレビに映すことで，玩具の剣を持って大きく体を動かしながら学習することもできる。

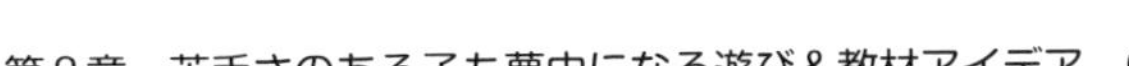

活動時間 10分

21 文字を読み取る力が育つ！

魔物撃退★呪文

学習内容　第１学年及び第２学年〔知識及び技能〕(1)-オ 語彙

つまずき　ひらがなやカタカナが定着していない。五十音表がわからない。

指導のねらい

- 楽しくひらがなやカタカナの読み方を学習する。
- 指定された文字が五十音表のどこにあるかを確かめる。

準備物

- ひらがなとカタカナの五十音表
- 紙，鉛筆，魔物のイラスト（なくても良い）

指導の流れ

❶ 呪文を作る

=MID(A2,RANDBETWEEN(1,LEN(A2)),1)

A	B	C	D	E	F
好きな文字列 ▼					
アイウエオカキクケコサシスセソ タチツテトナニヌネノハヒフヘホ マミムメモヤユヨラリルレロワヲン					
呪文 ▼					
ラ	カ	ラ	ソ	ヘ	

短冊状に切った紙に呪文を書いていきます。呪文は意味のある文字列じゃなくても OK です。「クハラアム」等，文字をランダムに並べただけの呪文の方が普段聞き慣れた意味のある文字列よりも，一層文字とその読み方を意識します。Excel が得意な方は右の図を参考に「=MID（A2,RANDBETWEEN（1,LEN（A２））,1）」と入力すれば更新する度，ランダムに呪文を生成するシートが作れます。

❷ 魔物を設定する

子どもの意欲が高まるような敵キャラクターとなる魔物を設定しましょう。子どもの好きなゲームやアニメに登場するキャラクターの名前を借りても良いかと思います。インターネット上の著作権フリーのイラストを使うのも良いでしょう。子どもが描いた絵があれば最高です。どんな攻撃をしてくるのか，何が弱点か等，設定を考えることで作文の学習にもなります。

❸ 遊んでみよう

作った呪文と魔物で遊んでみましょう。魔物の出現と同時にその魔物を倒すための呪文を提示します。この呪文の文字列を１文字目から順番に五十音表を指差して見つけることができればクリアです。「30秒に１回攻撃をしてくる。５回攻撃を受けたらゲームオーバー」といったルールも楽しめます。

ポイント

- 子どもの実態に合わせて濁音や半濁音，拗音，促音も追加していく。

活動時間 5分

22 文字に注視する力が育つ！

かなカナパズル

学習内容 第１学年及び第２学年〔知識及び技能〕(1)-ウ 読字

つまずき ひらがな，カタカナの読字が難しい。字形の認識が苦手。

指導のねらい

- ひらがな，カタカナの読み方を理解する。
- ひらがな，カタカナの字形の特徴に気づく。

準備物

- 紙（厚紙等の硬めのものが望ましい），ペンまたは鉛筆
- ハサミ

指導の流れ

❶ 学習する文字を書く

5cm × 5cm 程度の大きさの紙に，なるべく大きめに文字を1つ書きます。慣れるまでは，なるべく太めのペンで書くと取り組みやすくなります。

❷ 文字を書いた紙を4つに切る

紙を裏にして横と縦に分ける線を描きます。その線で切り分けると右のようになります。直線だけでなく，曲線や凸凹になるように切っても面白いです。余白しかないパーツがあると難解になるので，全てのパーツに字の一部が含まれるようにすると良いでしょう。

❸ かなカナパズルで遊ぶ

切り分けた紙をシャッフルし，分かれたパーツを並べて元の文字を作り直します。かなカナパズルは，子どもが文字の形に自然と注目するだけでなく，指先を動かすことで指先の巧緻性を高めることにもつながります。逆に細かな動きが苦手な子の場合は，❷の前に紙をダンボールに貼ってから切り分けると，遊びやすくなります。子どもが課題に慣れてきたら，切り分けるパーツの個数を増やしたり，2文字分のパズルを同時に並べ替えたりします。

ポイント

- 漢字やローマ字でも取り組むことができる。
- 切り分けたパーツの一部分だけ並べずに，「この虫食い文字は何でしょう？」というゲームをすることもできる。
- 子どもがパズルを作る活動をしても効果的な学習になる。

活動時間 15分

23 五十音表を楽しく覚えよう！

かなカナならべ

学習内容 第１学年及び第２学年〔知識及び技能〕(1)-ウ 読字，(1)-オ 語彙

つまずき ひらがな，カタカナの読みが難しい。五十音の理解が不十分。

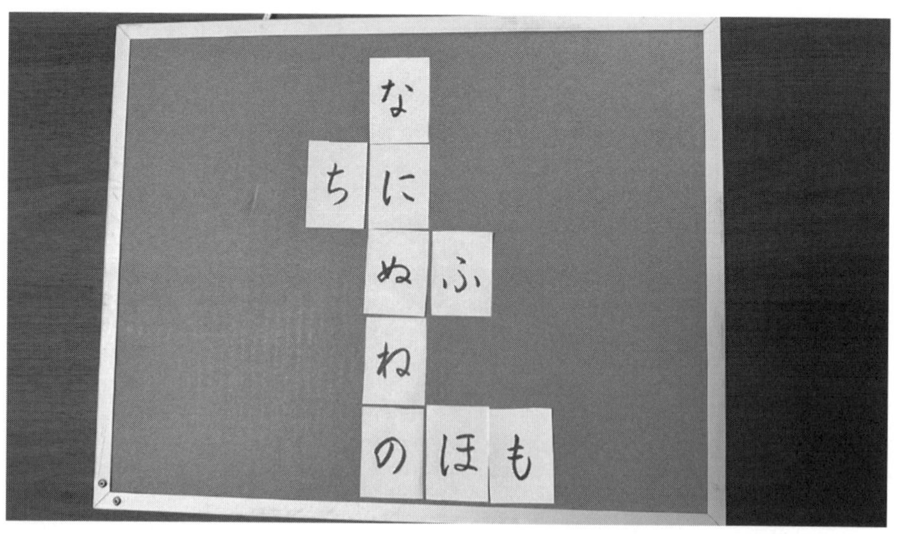

指導のねらい

- ひらがな，カタカナ清音五十音の順番を覚える。
- ひらがな，カタカナの読み方を理解する。

準備物

- ひらがなカード，カタカナカード
- 五十音表

指導の流れ

❶ ゲームの準備をする

「かなカナならべ」は文字を使った七並べのようなゲームです。まず，ひらがなカードを用意しておきます。市販のものでも良いですし，子どもと一緒に作るのも良い学習になります。小さくイラストを描くのも素敵ですね。

❷ ゲームのルール

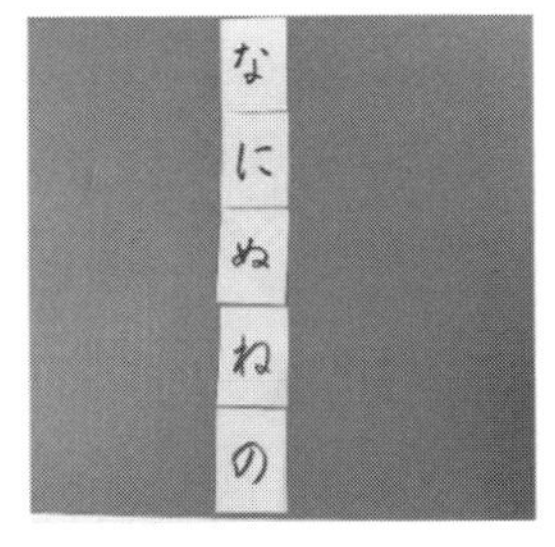

ひらがなカードをシャッフルし，各プレイヤーに均等に配ります。「な / に / ぬ / ね / の」のカードを持っているプレイヤーは場に出します。その時，上から「なにぬねの」の順になるように並べます。プレイヤーの順番を決めたら，順番に１枚ずつ手持ちのカードを場に出していきます。しかし出せるカードは，場にあるカードに対して，五十音表で隣にある文字だけです（例：「な」があったら「た / は」を出せる）。手札に出せるカードがない時にはパスをします。

❸ クリア条件

最初に手札がなくなった人が勝ちというルールにしても OK ですし，事前に決めておいたターン数や時間内に完成できたらクリアという協力ゲームにしても良いでしょう。もちろん，ただ完成させるだけでも OK です！

ポイント

- 五十音表で確認できるようにしたり「あ」「か」「さ」「た」などの上の段は予め並べておいたりすると，理解が不十分な子も取り組みやすい。
- 文字を置く度に，「『なす』の『な』だね」というように，その文字が使われている言葉を連想することで語彙を豊かにすることにつながる。

活動時間 10分

24 見て，動いて，文字を学べる！

かなカナマッチング

学習内容 第１学年及び第２学年〔知識及び技能〕(1)-ウ 読字

つまずき ひらがな，カタカナを読むことが難しい。

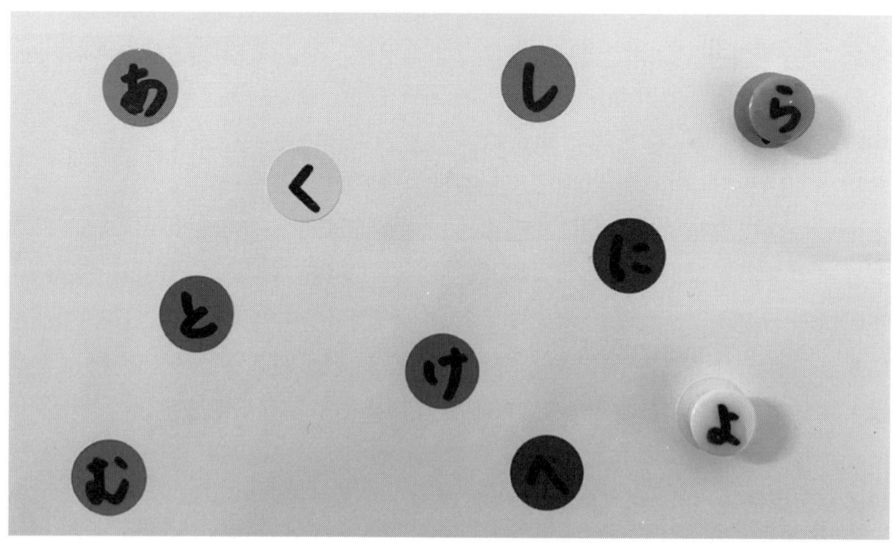

指導のねらい

- ひらがな，カタカナの読み方を理解する。
- ひらがな，カタカナで書く語句の種類を知り，語彙を増やす。

準備物

- 丸型のシール
- ホワイトボード，マグネット

指導の流れ

❶ かなカナマッチングの概要

ランダムに並べられた文字の中から特定の文字を探し，視空間認知（物の形や色や位置等を把握する力）及び，目と体の協応（目から入った情報を判断して体を動かす力）を高める活動です。１文字ずつなら読めるのに，文や文章になると読むことが難しくなるという子どもに特に効果があります。

❷ ゲームの準備をする

ホワイトボードに丸シールを貼り，ランダムに文字を書きます。ひらがなの清音だけ，濁音・半濁音も含める，カタカナを書くといった難易度の設定は子どもに合わせます。文字数は５～20文字ぐらいで調整します。拗音を扱う場合は，小さな丸シールを使って小書き文字を分けて並べても良いですし，大きな丸シールの中に１文字として書いても良いでしょう。ちなみに，ホワイトボードにシールを貼る前に養生テープを先に貼っておくと後で剥がしやすいです。シールの文字と対応するようにマグネットにも文字を書きます。

❸ かなカナマッチングで遊ぶ

マグネットを１つ選び，そこに書かれた文字と同じ文字が書かれたシールの上にくっつけます。全部マッチングさせるまでのタイムを計ると記録を縮めようと意欲が高まりますし，繰り返すうちに成長を実感できます。

ポイント

- マグネットに絵を描き，「なすの絵」を「な」とマッチングさせるという遊びも可能。マグネットとシールの色を対応させるかは子どもに合わせる。
- ローマ字や漢字でも取り組むことができる。その場合は，字と読み方をマッチングさせても良い。

活動時間 5分

25 語のまとまりで捉える力が育つ！ いきなり言葉ダッシュ

学習内容　第１学年及び第２学年〔知識及び技能〕⑴-ウ 読字

つまずき　文字は読めるが単語として捉えるのが苦手。

指導のねらい

- 文字の並びから単語として捉える力を育む。
- 単語の読みを確認したり一緒に唱えたりすることで語彙を豊かにする。

準備物

- ひらがなカードとカタカナカード（自作でも良い）
- ブロック等の手に収まる小物

指導の流れ

❶ ゲームの準備

はじめにプレイヤーの人数と同じ文字数の単語を，プレイヤーの人数と同じ数だけ考えます。例えば，３人なら「すいか / こあら / はさみ」という形です。考えた単語に使用されている文字をひらがなカードの中から抜き出します。同じ文字を２回以上使っていてカードがない場合は自作します。次に，単語の１文字目のカードだけを１人目のプレイヤーに渡します。同様に2文字目のカードだけを２人目に，３文字目のカードだけを３人目に渡します。最後にプレイヤーの中央に，ブロックを置いて準備完了です。

❷ いきなり言葉ダッシュで遊ぶ

プレイヤーは「せーの！」のかけ声で，手持ちのカードの中から１枚を表向きにして場に出します。全員の出したカードをつなげて読んだ時，はじめに決めた単語が完成したら素早く中央のブロックを取ります。単語が完成しなかった場合はブロックに触れてはいけません。ブロックを取ることができれば１点獲得，お手つきでブロックに触れてしまった時は１点失います。

❸ 追加ルール

ブロックの中に色違いのものを１つ交ぜておき，それを誰かが触ったら手持ちのカードを全てプレイヤー同士で交換するというルールを追加しても楽しめます。ブロックの数は，プレイヤーの人数より１つ少なくしておくことで緊張感のあるゲームになりますが，全員が取れるようにしても OK です。

ポイント

- 全員の手持ちカードを同じ文字にし，場に出た文字が全て同じ場合にブロックを取るというルールでも良い。「わ/ね/れ」等の識別に効果がある。

活動時間 20分

26 語彙力と思考力が育つゲーム！ 言葉メイカー

学習内容 第１学年及び第２学年〔知識及び技能〕(1)-オ 語彙，(1)-ク 音読・朗読

つまずき 語彙が少ない。語のまとまりに気をつけて読むことが難しい。

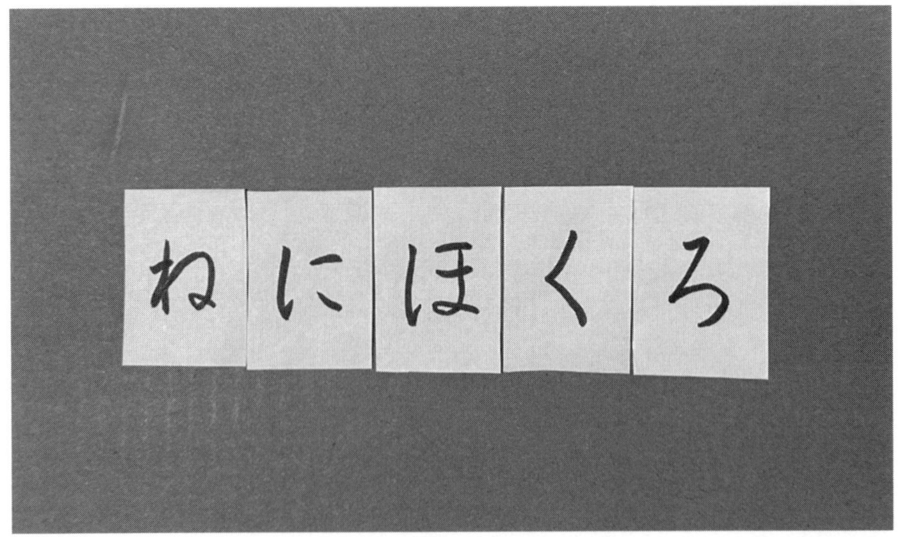

指導のねらい

- 手札のひらがなやカタカナが使われている言葉を連想することで語彙を増やす。

準備物

- ひらがなカード，カタカナカード

指導の流れ

❶ カードをランダムに５枚ずつ配る

文字カードで，トランプの「ポーカー」のように言葉を作る遊びです。はじめに，文字カードを裏向きにして１人に５枚ずつ配ります。ひらがなのみ，カタカナのみでも良いですし，どちらも交ざった状態でも良いです。余ったカードは山札として場の中央に置いておきましょう。配られたカードは他のプレイヤーから見えないように注意しながら確認します。

❷ 言葉ができるようカードを交換していく

配られたカードを山札のカードと交換して言葉を作ります。「２回まで交換ＯＫ」等，何回交換するのかを予め決めておきましょう。誰から交換するか順番を決めたら，手札のいらないカードを場に捨て，捨てた分だけカードを山札から引きます。交換はしてもしなくてもＯＫなので，自分の番にパスをすることもできます。

❸ ５文字以内の言葉を作る

全員の交換が終わったら，手札の５枚を並べ替えて言葉を作ります。通常のポーカーのように「できた単語の文字数が多い人が勝ち」というルールで勝敗を決定しても良いですし，「面白い言葉を作った人が最強」というルールでもOKです。その場合は１人ずつ手札を見せて作った言葉を発表し，その言葉の意味を説明します。最後に自分以外の人の面白いと思った言葉へ投票して勝敗を決めるとゲーム性がアップしますし，言語活動の量も増えます。

ポイント

- 濁音や半濁音，長音，拗音，数字を入れても良い。
- 「食べ物の名前を作れたらボーナス」等の追加ルールも面白い。

活動時間 15分

27 漢字の読み方を自分で思い出せる！

送り仮名クイズ

学習内容 全学年〔知識及び技能〕(1)-エ 漢字

つまずき 漢字の読み方や送り仮名が未定着。

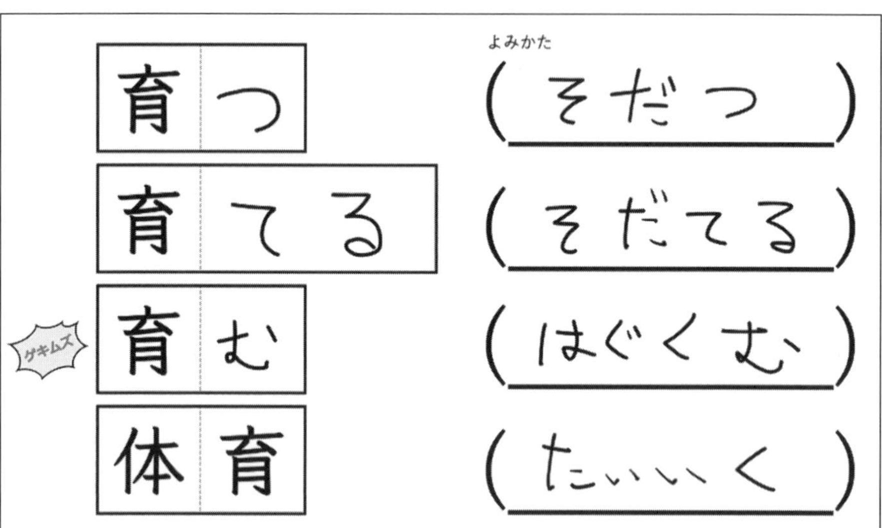

指導のねらい

- 送り仮名を手がかりに漢字の読み方（語幹）を確かめる考え方を知る。
- 訓読みの言葉を元に，熟語の意味を考える習慣を身につける。

準備物

- 紙，鉛筆
- 漢字ドリル（子どもが答えを確かめられるようにするため）

指導の流れ

❶ 送り仮名クイズを作る

学習したい漢字に合わせて送り仮名クイズを作成します。１つの漢字に複数の読み方があるものや，色々な熟語の中に含まれているものは特に効果的です。左ページの図を参考に，学習したい漢字の横に送り仮名を書くスペースを設けるだけでOKです。右側の読み方を書くスペースはなくても良いです。図では見やすいようにPCで作成していますが，実際は個別支援の場面で子どもが読み方に詰まった時，その場で紙に書くことが多いです。訓読みを確かめたら音読みと熟語も確かめます。訓読みを確かめた直後なら，「そういう意味か！　だからこの漢字なんだね！」と理解しやすくなります。

❷ 訓読みが１つしかない場合

「育」のように訓読みに複数の読み方がある漢字の他にも，「運」のような訓読みが１つしかない漢字で作成することもあります。その場合は「つくえを 運 __」「病気になって きゅうきゅうしゃで 運 ______」のように，動詞を活用した短文を作ることで子どもが読み方をひらめきやすくします。どのような文だとひらめきやすくなるかは，その子が普段接している語彙に依存しますので日頃の観察の成果が直結します。腕の見せ所です。

❸ 紙に書かなくてもOK

この活動のねらいは，送り仮名を確かめることで漢字の「語幹」を考え，色々な読み方に柔軟に対応できるようになることです。書字が苦手で，聴覚優位の子どもなら口頭でのやりとりだけでも十分に効果があります。

ポイント

- 中学校の国語で学習する「単語の活用」を理解する素地にもなる。

活動時間 5分

28 楽しく漢字の形をチェック！

書き足し漢字パズル

学習内容　全学年〔知識及び技能〕(1)-エ 漢字

つまずき　漢字の書字が苦手で，細部を間違えやすい。

正しい字

書き足し漢字パズル（右利き用）

指導のねらい

- 漢字がどのような線の組み合わせで構成されているかを注視する。
- 間違えやすいポイントを意識し，自分で間違いを修正できるようになる。

準備物

- 紙，鉛筆

指導の流れ

❶ 書き足し漢字パズルを作る

学習したい漢字に合わせて書き足し漢字パズルを作成します。作り方は簡単です。学習したい漢字のどこか一画が欠けているものを書くだけで完成です。欠けさせる部分は，はじめの一画や最後の一画にしても良いですし，子どもが間違えやすい部分を欠けさせても良いでしょう。一画だけ欠けているものがクリアできたら，今度は二画が欠けているものを出題してみましょう。答えがわからない時は，漢字ドリルや大人が書いた手本を見ながら，どこが欠けているのかを確かめます。

❷ 書き足し筆順学習

書き足し漢字パズルを応用して筆順学習もできます。

右の図では，一画目から順番に書き足していき，最後には自分で１文字を完成させる流れになります。逆に八画目だけがないもの→八画目と七画目がないもの…という風に最後の部分を書き足すことで漢字が完成するパターンにしても良いです。しかし，あまり筆順指導に力を入れすぎると，本来の楽しさが薄れてしまって子どもの意欲が減退するので注意が必要です。まずは漢字学習を楽しむ意識が大切です。

漢字・熟語

ポイント

- 自力で正解がわからない時には手本を見て，どの部分が欠けているのかを考える。それでも難しい場合は灰色の色鉛筆で薄く下書きをして補助する。
- クリアファイルに赤マジックで正解を書いて重ねる答え合わせも楽しい。

活動時間 10分

29 間違えやすい部分に自分で気づける！

ニセモノ漢字に気をつけて

学習内容　全学年〔知識及び技能〕(1)-エ 漢字

つまずき　漢字の書字が苦手で，細部を間違えやすい。

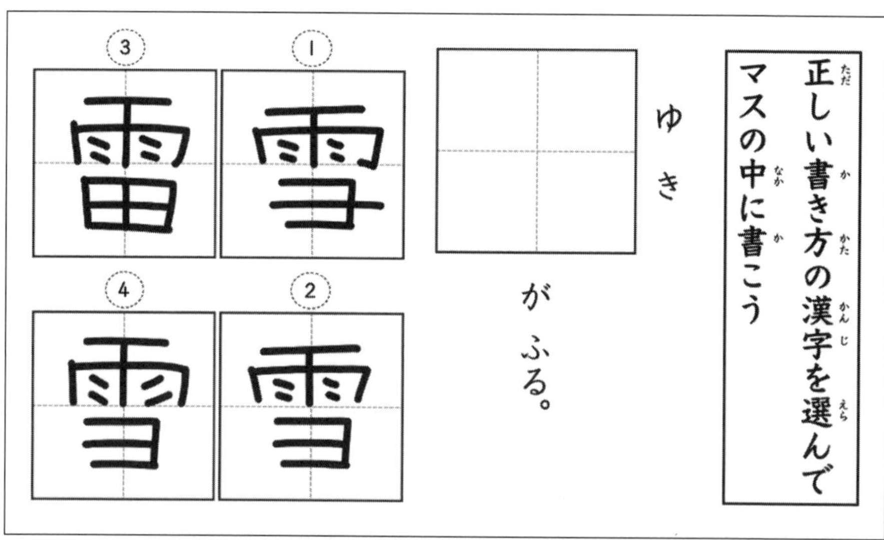

指導のねらい

- 漢字の形を細部まで注目する練習をする。
- 間違えやすいポイントを意識し，自分で間違いを修正できるようになる。

準備物

- 紙，鉛筆

指導の流れ

❶「ニセモノ漢字に気をつけて」を作る

学習したい漢字に合わせて書き問題を作成します。左ページの見本の図は，例文つきの書字スペース＋間違い３つ＋正解１つの構成で作りました。例文のところを熟語に変更したり，選択肢の数を減らしたりするのも良いです。問題をPCで作成する方は，挿入可能なイラストや写真を用いて，例文の状況を視覚イメージと結びつけるとより効果的です。問題を事前に用意しておくのではなく，学習中に子どもが漢字を思い出せない場面で，ニセモノ・正答から選んでもらうのも有効です。間違いを作る際には，子どもがよく間違えるポイントを含むことで，正しい字形を覚えやすくなります。

❷「ニセモノ漢字に気をつけて」に挑戦する

問題が作成できたら早速取り組んでみましょう。子どもが正しいと思う漢字にチェックを入れるのですが，この時「なんで他は間違いだと思ったの？」と聞いてみてください。「だってここがね…」と正しく間違いポイントに気づけていたらOKです。ここで確認しておかないと，「形が斜めだから」とか「この線が数mm飛び出していておかしいから」という風に，全く異なる些細な部分を間違いの根拠にしていることもあります。「それは気にしなくても良いところだよ」と訂正することも必要です。

漢字・熟語

ポイント

- 例文を声に出して音読したり，自分で問題を作ってみたりする学習をすることもできる。字の「許容」については文化庁の指針を参照する。

【参考文献】文化庁「常用漢字表の字体・字形に関する指針（報告）」

活動時間 10分

30 漢字の意味から形を覚えられる！

部首ルーレット

学習内容　全学年〔知識及び技能〕(1)-エ 漢字

つまずき　漢字の持つ意味の理解が未熟。

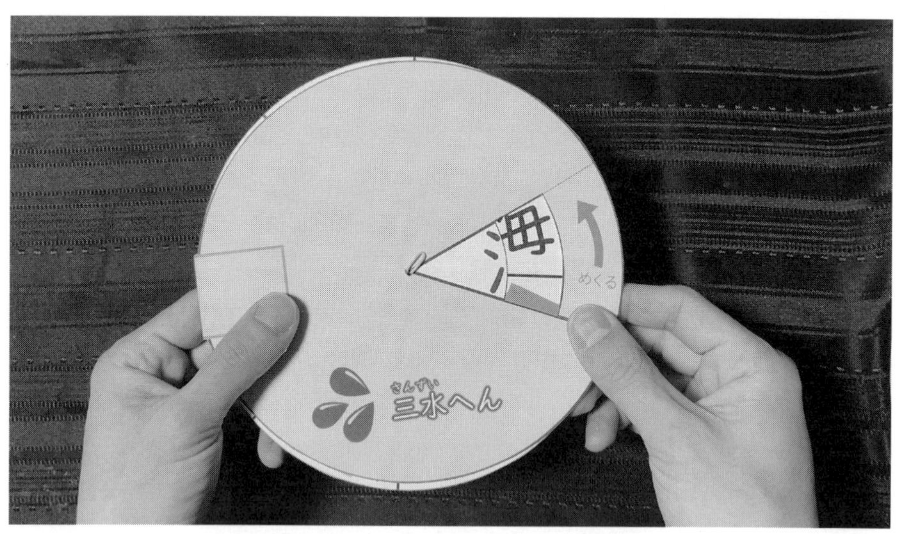

指導のねらい

- 部首から，その漢字が持つ意味を大まかに把握する。
- 形声文字が意味を表す部首と音を表す部分で構成されていることに気づく。

準備物

- DL「部首ルーレット」
- 厚紙，ハサミ，割りピン

指導の流れ

❶「部首ルーレット」を印刷する

DL 特典の「部首ルーレット」を厚紙等の厚めの紙に印刷します。僕は普段「ケント紙（A４/ 厚さ0.26mm，坪量230g）」を使用することが多いです。大体年賀状ほどの厚さです。この厚さなら十分な硬さがあり，一般的なプリンターでも手差し印刷で使用可能な場合が多いからです。普通紙に印刷する場合は，印刷してから厚紙や画用紙等に貼り付けると良いでしょう。

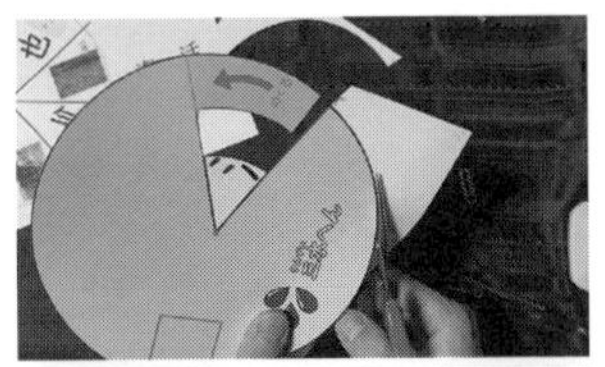

❷「部首ルーレット」を作る

印刷ができたら組み立てます。まずパーツをハサミで切り抜きます。右の写真を参考に偏の右側部分を切り落とすように切ってください。その後，長く飛び出している部分を裏に折り曲げます。各パーツの中央には先がとがったもので穴をあけます。割りピンを穴に通せば完成です。

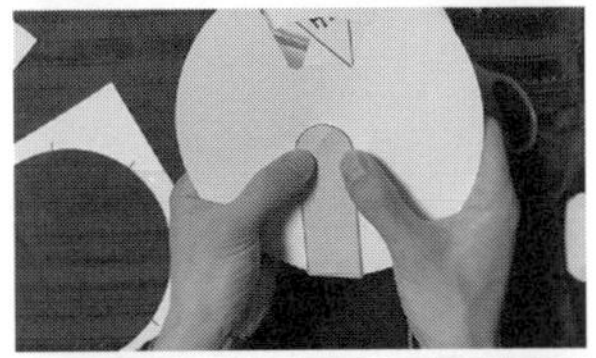

❸「部首ルーレット」で遊ぶ

部首ルーレットを回しながら，同じ部首の漢字とその読み方を確かめていきましょう。

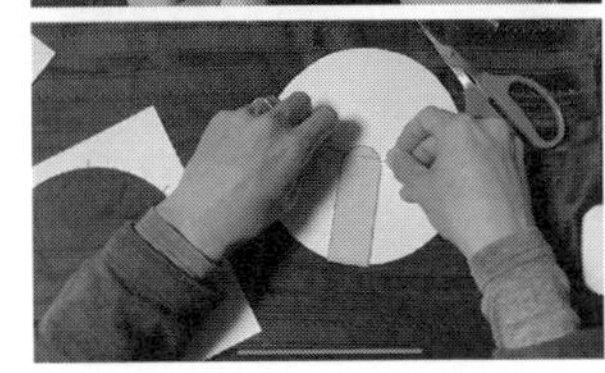

漢字・熟語

ポイント

- 部首に注目して漢字を学習することは形声文字や会意文字の理解につながり，同音異字の理解も助けてくれる。

活動時間 5分

31 字の細部まで見る力が育つ！
漢字記憶ゲーム

学習内容 全学年〔知識及び技能〕(1)-エ 漢字

つまずき 目で見た漢字の形を記憶し，想起しながら書き出すことが苦手。

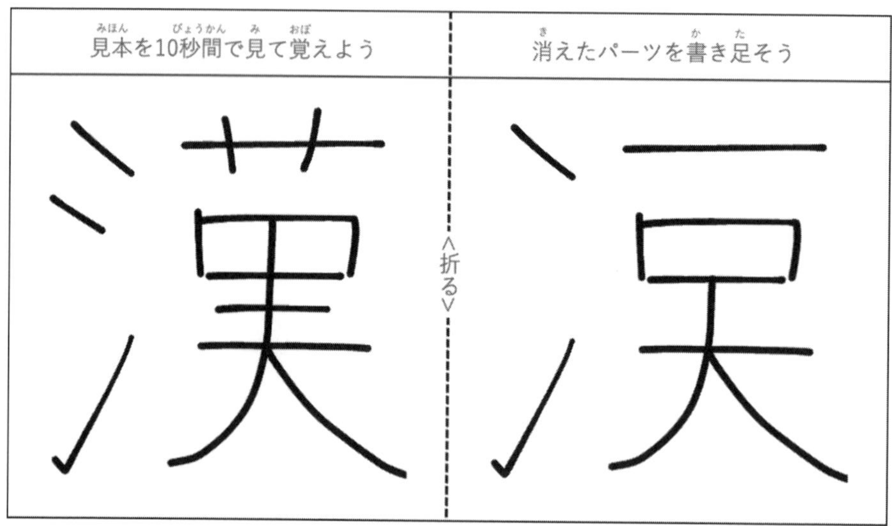

指導のねらい

- 漢字の形を細部まで注目する力を育てる。
- 漢字の形を記憶して，想起しながら書き出す力を育てる。

準備物

- 紙，鉛筆

指導の流れ

❶「漢字記憶ゲーム」を作成する

学習する漢字に合わせ「漢字記憶ゲーム」を作成します。紙を半分に折って左側には見本となる正しい形の漢字を書きます。そして，紙の右側には漢字のパーツが所々欠けているものを書きます。欠けさせる場所は，その漢字の中で子どもが間違えやすい場所を中心に設定していきます。正しい筆順や，一画分の線を欠けさせることにこだわらず，「どこが欠けたら面白いかな？」と考えながら設定していくと良いです。僕の経験則ですが，その方が子どもの意欲が高まり，学習効果も高まります。

❷「漢字記憶ゲーム」で遊んでみる

作成した問題用紙を使って早速遊んでみましょう。紙を半分に折って見本の字を10秒間眺めて正しい形を覚えます。その後，紙を裏返して漢字の欠けた部分を書き足して完成させます。子どもによっては，見本を見てすぐさま「もうできる！」と言うこともあります。その時は一度その状態で試してみましょう。一度で正解できなくても，繰り返し漢字の形を確認していくうちに，どの部分に注目すれば良いかがわかってきて注視する癖がついてきます。

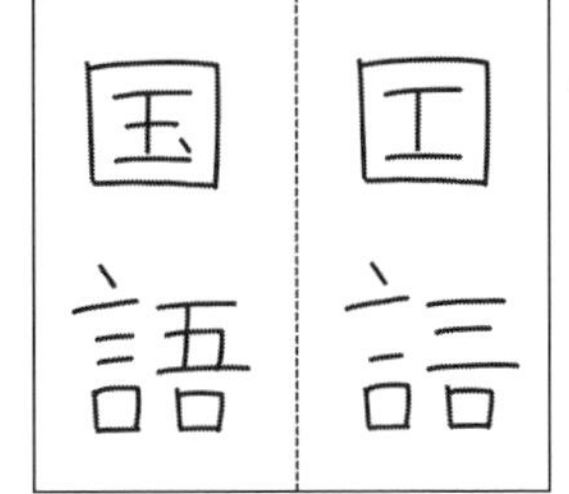

❸ 熟語版も作ってみよう

漢字１文字で正解できるようになってきたら熟語でも問題を作ってみましょう。

ポイント

- 「目で見て字形を捉える→その形を短期記憶に保持する→字形を想起して表出する」というプロセスが苦手な子も楽しく漢字学習ができる。

活動時間 10分

32 書字が苦手でも漢字が好きになる！ 合体漢字パズル

学習内容 全学年〔知識及び技能〕(1)-エ 漢字

つまずき 目で見て漢字の構造を正しく認知することが難しい。

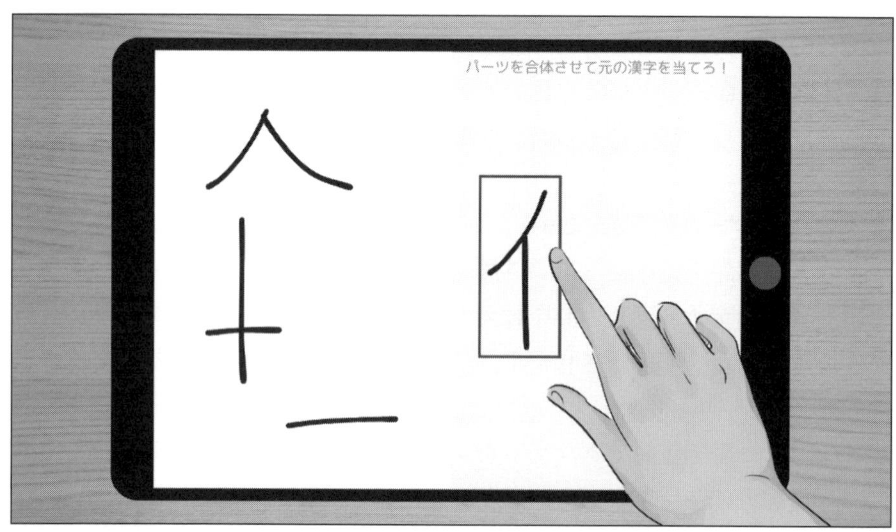

指導のねらい

- 漢字の形に細部まで注目する力を育てる。
- 漢字の形を記憶して，想起しながら書き出す力を育てる。

準備物

- Canva（https://www.canva.com/ja_jp/）や PowerPoint（Microsoft）などの線を描画できるソフト

指導の流れ

★「合体漢字パズル」を作成する

今回は Canva での作成方法をご紹介します（Canva：オンラインで使える無料のグラフィックデザインツール。様々なデザインを無料で作成できる）。まず「デザインの作成」で好きなサイズを指定したら，左側のメニューから「描画」を選びます。次にペンの色や太さを調整し，学習したい漢字をペンで書きます。書いた時は分解して移動することができます。画面の端に配置します。「共有」からこのデザインのリンクを子どものタブレットに送信すれば，子どもが自由にパーツを動かしてパズルを楽しむことができます。もちろん大人が使っていたデバイスを渡して直接操作しても OK です。

①描画を選択

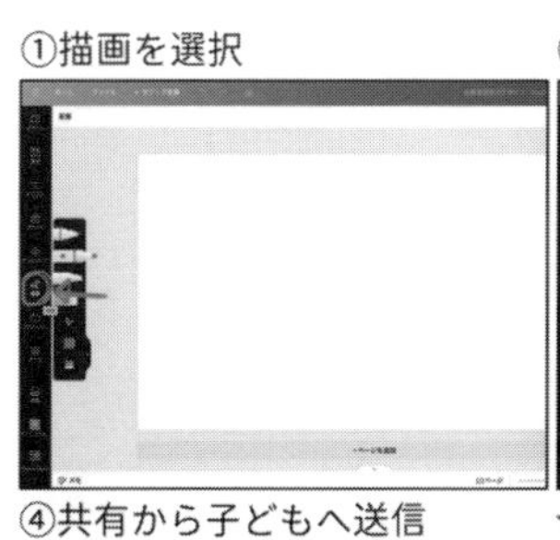

②漢字を書く

③パーツを移動して分解

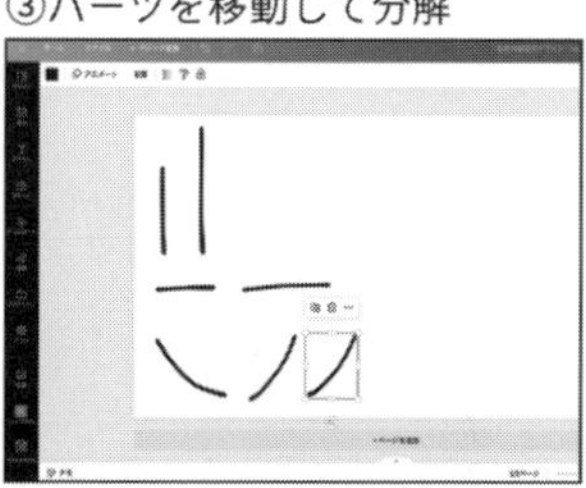

④共有から子どもへ送信

★配置とロックに注意

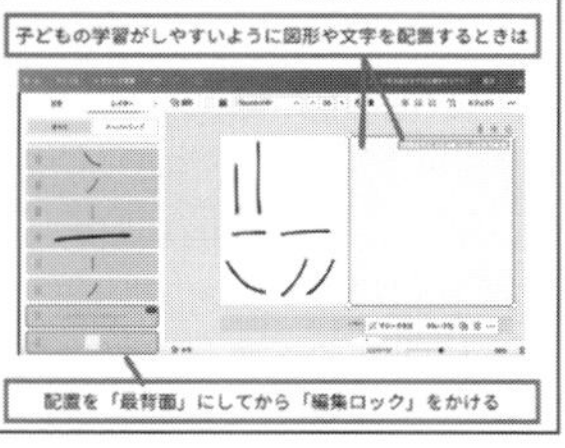

★難しい時はグループ化

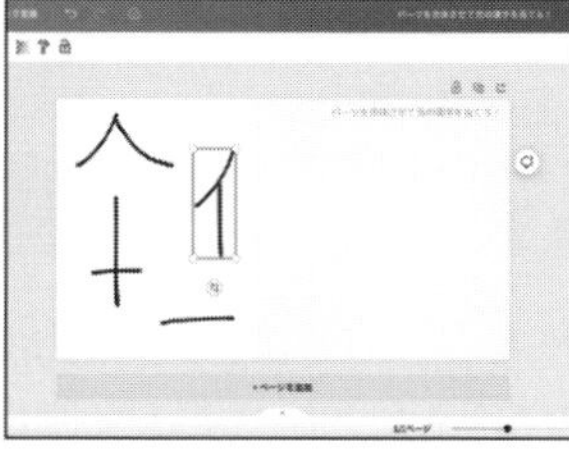

ポイント

- 子どもが取り組みやすいように図形や文字を配置する時は，最背面設定にしてからロックをかける。問題が難しい時はパーツをグループ化する。

活動時間 5分

33 体を使ってグングン覚えられる！ 漢字斬り

学習内容 全学年〔知識及び技能〕(1)-エ 漢字

つまずき 筆記具を操作して書字をすることが難しい。

指導のねらい

- 大きく体を動かす運動刺激を活用しながら漢字を学習する。
- 大きく体を動かしながら楽しく筆順に慣れ親しむ。

準備物

- 刀や剣を模したもの（サイリウムライトでも良い）
- 細長く丸めてテープで留めた新聞紙でもOK

指導の流れ

❶ 「斬り順」を確かめる

「漢字斬り」は，刀を模した棒状のものを持って体を大きく動かしながら漢字の筆順通りに刀を振る遊びです。大人が見本となって子どもの正面に立って刀の振り方を見せる場合は，子どもから見た時に正しい筆順となるよう鏡文字の要領で斬り順を確かめます。そのため，子どもが右利きなら大人は左手で刀を持ちます。例えば「木」という字を斬る場合，大人は「←・↓・↘・↙」の順に刀を振ります。１人で大勢に漢字の「空書き」を教える際，便利な指導法です。混乱する場合は，子どもの横に立って同じ方向を向きながら一緒に刀を振っていくと良いでしょう。一対一なら十分に伝わります。

❷ 「斬り順」を声に出して唱える

「漢字斬り」では，腕を動かす運動刺激がメインの感覚刺激となりますが，同時に音声も活用することでより効果的な学習が行えます。上記の「木」の場合，「木という漢字は…ヨコ！タテ！シュッ！シュッ！」と，リズム良く唱えながら刀を振ることで，より一層筆順や字形が記憶に残ります。動きと音は全ての漢字で共通しておくと良いでしょう。主なものは下記の通りです。

一	ヨコ	乚	ピンッ（はね）
丨	タテ	ノ	シュッ（はらい）
㇆	カックン	、	チョン

漢字・熟語

ポイント

- 本物の武士のように，迫力のある声と動きで見本を見せた方が，子どもの意欲が高まって学習に没頭しやすい。

活動時間 20分

34 漢字が好きになる子続出！

必殺！漢字奥義ゲーム

学習内容 全学年〔知識及び技能〕(1)-エ 漢字

つまずき 漢字が嫌いで漢字学習に強い拒否反応がある。

指導のねらい

- 「漢字だけど楽しい」という体験をする。
- 様々な漢字の読みを確かめながら，漢字の意味を把握する力を養う。

準備物

- DL 「必殺！漢字奥義ゲーム」
- 想像力，恥を捨てて全力で楽しむ心構え

指導の流れ

❶ カードの作り方

DL 特典のデータを印刷します。紙は画用紙やケント紙といった厚めのものがおすすめです。紙の真ん中部分の白線で半分に折った後，のりで貼り合わせます。余白部分を切り落としてカードを切断していけば完成です。

❷ ゲームの遊び方（準備）

作ったカードを山札にし，シャッフルして裏向きに置きます。各プレイヤーは手札として山札からカードを４枚取ります。手札とは別に，３～６枚ほどのカードを山札から表向きで場に出します。これで準備完了です。

❸ ゲームの遊び方（ルール）

漢字カードを組み合わせながら「自分が最強だと思う必殺技」を作るゲームです。順番は，最近必殺技を出した人から時計回りに始めます（居なかったらじゃんけんで決めましょう）。自分の番には【山札から１枚引く / 場のカードと手札を１枚交換する / 手札を場に１枚捨てる】のどれかを行います。パスはできません。これを各自５回繰り返します。そして手札にある漢字を組み合わせながら必殺技を作ります。全員が作り終えたら順番に手札をオープンして必殺技を放ちます。役になりきり，本気で必殺技を放ちましょう。最後にそれがどんな技かを全員に説明します。全員が終えたら，どの必殺技が最強だと思ったかを指差して投票します。自分には投票できません。最も多くの票を獲得した人がそのゲームの「覇者」となります。

ポイント

- 学年に関係なく難しい漢字を扱うことが，逆に自信や好奇心につながる。
- 必殺技を AI でイラスト生成したり，カード化したりすることもできる。

活動時間 20分

35 語彙が増えて読解力もUPする！

二字熟語クイズ

学習内容 全学年〔知識及び技能〕(1)-エ 漢字，(1)-オ 語彙

つまずき 漢字が嫌いで漢字学習に強い拒否反応がある。

次の説明はどのコトバの説明でしょう？

実際に見て、知識を身につける事

例文：工場を〇〇する。

月見（つきみ）	花見（はなみ）
見学（けんがく）	見当（けんとう）

指導のねらい

- 文章読解につながる熟語の語彙を増やす。
- 漢字を見て熟語の意味を予想する力を育てる。

準備物

- 紙，鉛筆
- 辞書

指導の流れ

❶ 熟語クイズを作る

熟語とその意味をマッチングさせるクイズを作ります。できれば既習の漢字で構成される二字熟語で選択肢を作りたいところです。それが難しい場合は，ルビをつけたりひらがなで表記したりしても OK です。例えば「学習」を「学しゅう」と表記しても良いです。問題に含む要素として，①正解の熟語の説明文，②熟語の選択肢，③例文・イラストがあると学習しやすいです。

❷ 熟語クイズで遊ぶ

できた問題を子どもに提示し，説明文がどの熟語のものかを考えます。正解がなかなかわからない時は，選択肢の熟語に使用されている漢字を「訓読み」で読んだ時にどんな意味になるかをヒントにします。例えば「月見」なら「月を見ること」のような形です。他にも，それぞれの熟語がどのような場面で使われるかをジェスチャーや寸劇で表現することも効果的です。熟語の文字・熟語の読み・使用する場面とその情景が一致するように支援します。

❸ 辞書を使ってみる

正解は大人が口頭で伝えても OK ですが，辞書の使い方を学習したい場合は辞書で答えを調べてみましょう。また，子どもと一緒に新たな問題を作成する際に辞書で意味を調べたり，選択肢に掲載する類似の熟語を調べたりすることも良い学習になります。インターネットを活用しても良いでしょう。

ポイント

- 文章読解が苦手な子の中には，二字熟語の語彙が大人の想像以上に身についていない場合がある。漢字の意味から類推する力を育てたい。
- クイズではなくカルタにしても良い。子どもに合わせて使い分ける。

活動時間 5分

36 漢字の成り立ちを自分で体験！
漢字開発ゲーム

学習内容 第５学年及び第６学年〔知識及び技能〕(1)-エ 漢字，(3)-ウ 言葉の由来や変化

つまずき 漢字を覚えられない。漢字を書くことが苦手 。

テーマ

テレビ

テーマから連想する漢字

映，画 →

開発漢字

指導のねらい

- 楽しく漢字に触れることで漢字への苦手意識を取り除く。
- 言葉の意味や漢字に使われる部位の意味を覚える。

準備物

- ホワイトボード，ホワイトボードマーカー
- タイマー

指導の流れ

❶ お題を決める

お題を１つ決めます。お題は「スキー」や「コンソメ」等，外来語や漢字で表記しにくい単語を選びます。そのお題をホワイトボードに書き，子どもに見えるようにしておきます。

❷ タイマーをセットし，制限時間内でお題を表す漢字を開発する

「３分以内に漢字を開発しよう！」というように，制限時間を決めてタイマーをセットします。子どもは制限時間内にお題の言葉を表す漢字を創作して書きます。この時，「テレビ」というお題なら，「映」や「画」というような連想される漢字を大人がホワイトボードに書いておくことで，漢字を書くことが苦手な子も創作しやすくなります。カタカナを組み合わせたようなものやテレビの形が変形したようなものでも OK です。自由に創作します。

❸ 完成した漢字を発表しコメントし合う

開発した漢字を見せ合います。自分以外の誰かに投票して一番人気の作品を決めても良いですし，「そのアイデアもいいね」とお互いの漢字の良さを伝え合うのもおすすめです。不正解や正解がないため，漢字が苦手な子も安心して取り組めます。

ポイント

- お題が四角いものなら「くにがまえ」，足があるなら「れっか」を使う等，形から連想できる部首を使うアイデアも紹介すると創作の幅が広がる。
- 慣れてきたら，元々ある漢字の形や意味や成り立ちを調べる学習に広げる。すると，今ある漢字も形から生まれた象形文字，音から生まれた形声文字，意味を組み合わせた会意文字であることがわかる。

活動時間 20分

37 音読み・訓読みを覚えられる！
読み方カルタ

学習内容 全学年〔知識及び技能〕(1)-エ 漢字

つまずき 漢字の読み方を覚えられない。漢字を読むことが苦手。

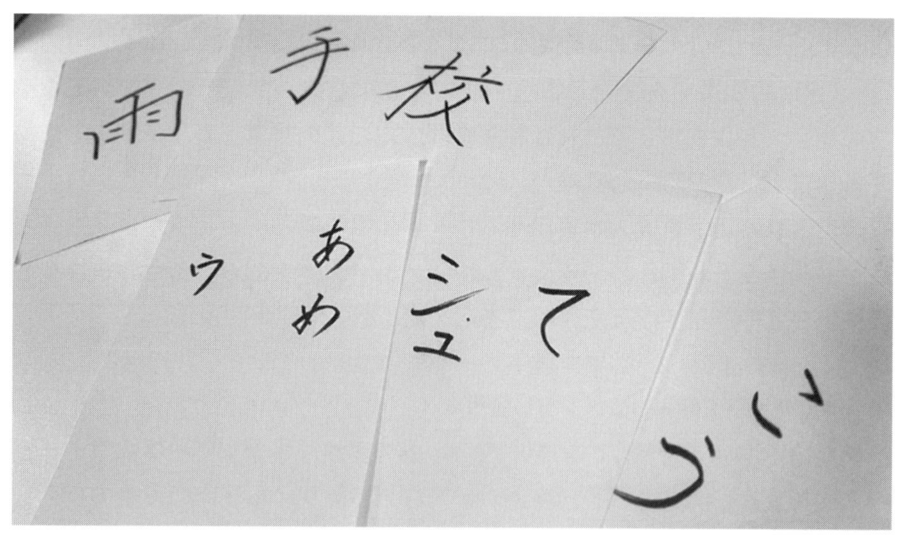

指導のねらい

- 楽しく漢字に触れることで漢字への苦手意識を取り除く。
- 遊びを通して漢字の読み方に慣れ親しんでいく。

準備物

- 漢字を書いたカード
- 漢字の読み方を書いたカード

指導の流れ

❶ 漢字とその読み方を書いたカードを用意する

「読み方カルタ」は，カルタ形式で漢字と読み方をマッチングさせる遊びです。学習したい漢字を20個ぐらい選び，それらの「漢字のみを書いたカード」と「読み方（音読みと訓読みのどちらも）のみを書いたカード」を用意します。この時，音読みか訓読みのどちらかが同じ読み方の漢字（例：火と日）を選ぶことで，読み手の声を最後まで聞く必要性が生まれます。

❷ 読み方カルタで遊ぶ

❶で作成した「漢字のみを書いたカード」を取り札，「読み方のみを書いたカード」を読み札にします。取り札となるカードを床にランダムに並べたら，読み手と取り手を決めてゲーム開始です。読み手は，読み札に書かれた読み方を全て読み上げます。取り手は，読まれたものに該当する漢字カードを素早く取ります。一番早く漢字カードを触った人がゲットできます。

❸ 勝敗の決め方

最後に一番多くカードを持っていた人が勝ちという緊張感のある勝負にしても良いですし，「○分以内に何枚ゲットでクリア」という協力型のゲームにしても良いでしょう。子どもの実態に合わせて柔軟に調整しましょう。

ポイント

- きへんだけ，うかんむりだけ，というようにテーマを決め，それに合う漢字のみで行うと部首や漢字のパーツに関する理解が深まる。
- 音読みはカタカナ表記，訓読みはひらがな表記とすることで，読み方の違いにも意識を向けるきっかけが作れる。

活動時間 5分

38 ハラハラドキドキの熟語学習！

いきなり熟語ダッシュ

学習内容 全学年〔知識及び技能〕(1)-エ 漢字

つまずき 漢字の字形を目で見て捉えることが難しい。

指導のねらい

- 楽しく漢字に触れることで漢字への苦手意識を取り除く。
- 漢字の字形や読み方を確認し，漢字の理解を深める。

準備物

- メッセージカードのような白紙のカード
- ブロック等の手に収まる小物

指導の流れ

❶ ゲームの準備

はじめにプレイヤーの人数と同じ文字数の熟語を，プレイヤーの人数と同じ数だけ決めます。４人なら四字熟語を４つ決めます。熟語に使用されている漢字を１文字ずつカードに書きます。次に，全ての熟語の１文字目のカードだけを１人目のプレイヤーに渡します。他のプレイヤーにも同様に熟語の○文字目のカードだけを渡していきます。最後にプレイヤーの中央に，ブロックを置いて準備完了です。

❷ いきなり熟語ダッシュで遊ぶ

プレイヤーは「せーの！」のかけ声で，手持ちのカードの中から１枚を表向きにして場に出します。全員の出したカードをつなげて読んだ時，はじめに決めた熟語が完成したら素早く中央のブロックを取ります。熟語が完成しなかった場合はブロックに触れてはいけません。ブロックを取ることができれば１点獲得，お手つきでブロックに触れてしまった時は１点失います。

❸ ３人や５人の時は？

３人で遊ぶ時は「合言葉／一大事／大団円」等の三字熟語を調べてお題にすると良いです。５人の場合は「奇妙奇天烈」のような五字熟語を調べるのも良いですし，３人は三字熟語を，２人は二字熟語を作れるようなカードにして，何か１つでも言葉が完成した瞬間にブロックを取るという遊びにしても盛り上がります。

ポイント

- ランダムな漢字カードを人数分用意して，全員が同じカードを出したらブロックを取るという遊び方もある。その時は似た漢字を採用すると良い。

活動時間
10分

39 ローマ字の表し方のルールがわかる！

ローマ字ルーレット

学習内容　第３学年及び第４学年〔知識及び技能〕(1)-ウ ローマ字

つまずき　ローマ字（訓令式）の音のルールがわからない。

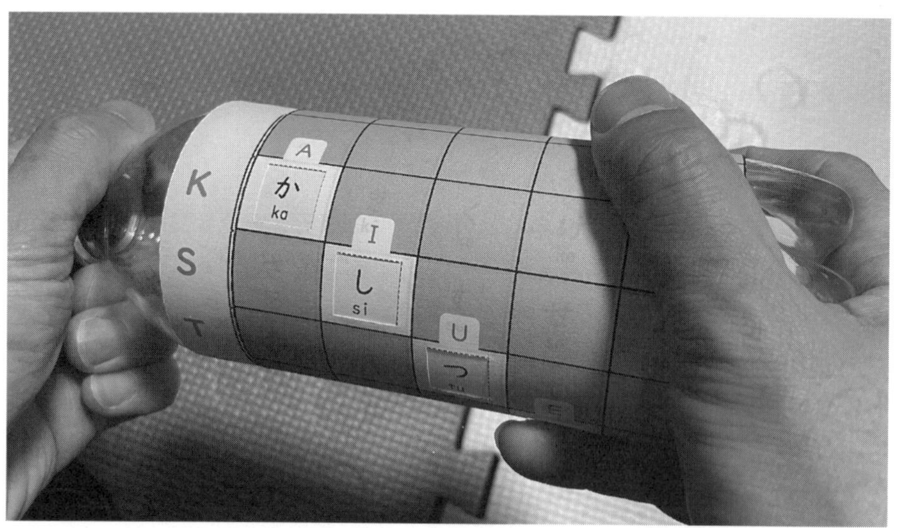

指導のねらい

- 母音と子音を組み合わせて音を構成することに気づく。
- 手を動かす感覚刺激を活用しながら学習を行う。

準備物

- DL「ローマ字ルーレット」
- ハサミ，テープ，500mL ペットボトル（炭酸飲料）

指導の流れ

❶ ローマ字ルーレットを作成する

DL 特典を印刷し，余分な箇所を切ります。子音と音が書かれたシートをペットボトルに巻き付けてからテープで固定します。母音が書かれたシートが１枚目のシートの上に重なるように巻き付け，位置を整えてからテープで留めれば完成です。２枚目のシートはクルクルと動かせるようにペットボトルや１枚目のシートと固定しないよう注意します。

ローマ字ルーレット！

	あ a	い i	う u	え e	お o
K	か ka	き ki	く ku	け ke	こ ko
S	さ sa	し si	す su	せ se	そ so
T	た ta	ち ti	つ tu	て te	と to
N	な na	に ni	ぬ nu	ね ne	の no
H	は ha	ひ hi	ふ hu	へ he	ほ ho
M	ま ma	み mi	む mu	め me	も mo
Y	や ya		ゆ yu		よ yo
R	ら ra	り ri	る ru	れ re	ろ ro
W	わ wa				を wo

O

ん n

❷ クルクル回してローマ字を確かめる

片方の手でペットボトルを固定し，反対の手で２枚目に重ねたシートをクルクルと回し，どのような子音と母音の組み合わせで音が構成されているかを確かめます。例えば，K の行の A の列に２枚目のシートの窓になる部分を合わせると「KA（か）」という音が表示されます。

❸ 暗号解読チャレンジ

完成した「ローマ字ルーレット」を使って，簡単なローマ字の読み取りにチャレンジしてみましょう。大人が出題した言葉や，㊵「クールジャパンカルタ」のお題を，ローマ字ルーレットを使いながら解読します。繰り返し遊ぶことで自然とローマ字の読み方がわかるようになってきます。

ポイント

- ローマ字学習は，日本語の音の構造を別角度から理解することにつながる。

【参考文献】長岡由記「小学校国語科におけるローマ字学習の意義と課題についての検討」（全国大学国語教育学会『国語科教育』91巻）

活動時間 10分

40 ローマ字の読み方がわかる！ クールジャパンカルタ

学習内容 第３学年及び第４学年〔知識及び技能〕(1) - ウ ローマ字

つまずき ローマ字（訓令式）の音のルールがわからない。

指導のねらい

- 母音と子音を組み合わせて音を構成することに気づく。
- 手を動かす感覚刺激を活用しながら学習を行う。

準備物

- DL「クールジャパンカルタ」
- ハサミ，のり

指導の流れ

❶ クールジャパンカルタを作る

DL 特典を印刷してハサミで切り分けます。ローマ字の名詞だけが書かれている「取り札」と，ローマ字・ひらがな・イラストがかかれている「読み札」に分かれています。カードを切り分けたら，取り札を床に広げ，読み札は１つにまとめて山札にします。

❷ クールジャパンカルタで遊ぶ

遊び方はとても簡単です。プレイヤーは親と子に分かれます。親は山札から読み札を１枚取り，そこに書かれたひらがなを読み上げます。子は読み上げられたものを場に出された取り札から探します。正解だったら取り札をゲットできます。不正解だったら取り札を元の位置に戻し，ローマ字表や㊴「ローマ字ルーレット」で確かめながら再度考えてみましょう。

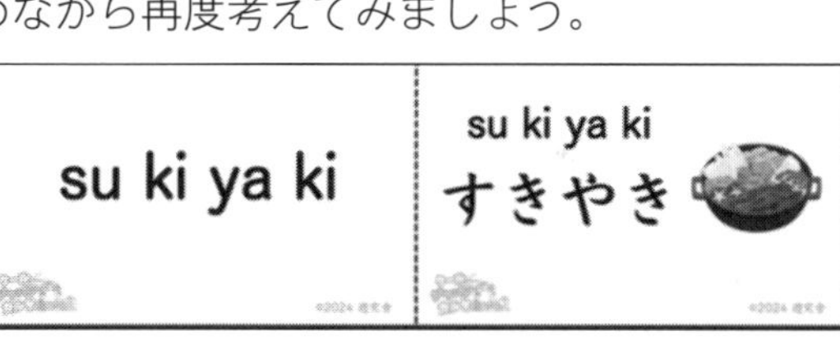

❸ クイズにして遊ぶ

クールジャパンカルタを印刷後，読み札と取り札を切り分けず，中央で折ってのりで貼り合わせるとローマ字絵カードの完成です。これを使ってクイズ形式で１枚ずつ読み方を確かめる遊びをしてもOKです。

ポイント

- 小学校国語科でのローマ字の表記法に合わせ，本書及び DL 特典でのローマ字表記も訓令式にしている。ローマ字の表記法については下記参照。

【参考文献】・文化庁 HP ＞国語施策・日本語教育＞国語施策情報＞内閣告示・内閣訓令＞ローマ字のつづり方（https://www.bunka.go.jp/kokugo_nihongo/sisaku/joho/joho/kijun/naikaku/roma/index.html）
・東京大学教養学部英語部会／教養教育開発機構「日本語のローマ字表記の推奨形式」

活動時間 15分

ローマ字を書く前段階に最適！

ローマ字合体50マスクイズ

学習内容 第３学年及び第４学年〔知識及び技能〕(1)-ウ ローマ字

つまずき ローマ字（訓令式）の音のルールがわからない。

ローマ字合体 50 マスクイズ

母音／子音	u	o	a	e	i
t	つ	と	た	て	
h					
w					

指導のねらい

- ローマ字の訓令式表記法を理解する。
- 子音と母音の組み合わせによって音が構成されていることに気づく。

準備物

- 紙，鉛筆

指導の流れ

❶ ローマ字合体クイズを作る

マスのあるノートの左端に最上段を１マス空けてから，子音（k，s，t，n，h，m，y，r，w）を縦に並べて書きます。最上段の横には１マス空けて，母音（a，i，u，e，o）を書きます。すると「100マス計算」の要領で子音と母音を組み合わせるローマ字表が完成します。マスの数や子音と母音の並びは子どもに合わせて調整しますが，はじめは母音５つ×子音２つの10マス程度から始めると良いでしょう。並び方も日本語の五十音表に合わせた並びにした方が答えを確かめやすくなります。子どもが慣れてきたら左ページの図を参考に並べ方を変えてみましょう。また，日本語の「あいうえお」に関しては，子音のスペースを空白にするか，◯等の空白記号を書きます。

❷ タイムアタックに挑戦

クイズが完成したらタイムアタックに挑戦してみましょう。時間と正解数のどちらも記録しておきます。書字が苦手な子は口頭で読み上げて OK です。それを大人が代筆してあげても良いです。慣れないうちは問題を変えずに，同じ問題プリントをコピーして反復練習をした方が効果的に習得できます。

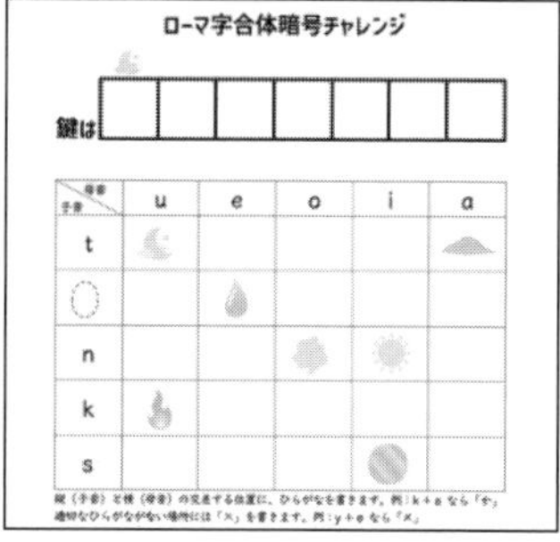

❸ 暗号解読チャレンジ

右の図のような問題文を作って暗号解読に挑戦してみましょう。普段の伝言メモにすると日常生活が謎解きになります。

ポイント

- 清音をマスターしたら濁音・半濁音，拗音にもチャレンジする。

活動時間 20分

42 ローマ字の形に自然と注視できる！

モールでローマ字づくり

学習内容 第３学年及び第４学年〔知識及び技能〕(1)-ウ ローマ字

つまずき 字形を認識することが苦手でローマ字を覚えられない。

指導のねらい

- ローマ字の形に注目しながら手を動かして字形を確かめる。
- 筆記具を操作するための指先の巧緻性を高める。

準備物

- モール
- ローマ字表

指導の流れ

❶ モールでローマ字の形を作る

ローマ字表を確認しながら字形をよく見て，モールでローマ字を作っていきます。ローマ字表の中から1文字だけに注目することが難しい子の場合は，作りたいローマ字だけをホワイトボードや紙に大きく書くと良いです。また，「b」のように，目で見て何となく形を把握しただけでは，モールで再現する時に「6」のような形になることが予想される文字もあります。実際に書く時の鉛筆の動きを確かめ，直線部分と曲線部分の違いを意識しておきます。こうすることで，後にローマ字を書く学習をする時の布石にもなります。

❷ ローマ字の言葉を作る

ローマ字をただ作って終わりではなく，できたローマ字を組み合わせて言葉を作ると読み方の学習にもなります。この時，ローマ字の読み方の表や，絵カードなどを用意すると更にわかりやすくなります。本書 DL 特典の「ローマ字ルーレット」や「クールジャパンカルタ」も活用してみてください。他にも自分の名前や好きな言葉を作ることで，子どもの好奇心が刺激されます。

ポイント

- 作ったローマ字を床に並べて「Aはどこだ？」と，カルタのように遊ぶこともできる。
- 折れ曲がる箇所やモールの端と端をつなげる箇所は，高い指先の巧緻性が必要になる。難しい場合は必要に応じて補助を行う。
- ひらがなやカタカナが苦手な場合も同様に，モールで形作ることで自然と字形に注目できる。漢字の場合は複雑な字形のものは避けた方が良い。

活動時間
10分

43 ローマ字の形を強く意識できる！

袋の中身はなんだろな

学習内容　第３学年及び第４学年〔知識及び技能〕(1)-ウ ローマ字

つまずき　字形を認識することが苦手でローマ字を覚えられない。

指導のねらい

- 指先の感覚を頼りに形を探ることで字形の特徴に気づく。

準備物

- モールで作ったローマ字（㊷「モールでローマ字づくり」参照）
- ローマ字表
- 黒いビニール袋２枚

指導の流れ

❶ ゲームの準備

中身が見えない袋を２枚と，同じローマ字のペアを３組用意します。それぞれの袋に，ペアの片方のローマ字を入れます。用意するローマ字は，はじめのうちはＤやＢのように形の似ている文字は避け，子どもの名前や好きなもの等，形に注目しやすいものにすると取り組みやすくなります。

❷ 片方の袋から１文字選んで取り出す

子どもに，袋の中を見ずに１文字だけ取り出すよう伝えます。取り出したローマ字をよく見せ，「丸いところはある？」「角はある？」というように，字形の特徴に着目するよう声かけをします。または，文字を見ながら一度指書きをしておきます。このように形に注目しておくことで，次の段階に進んだ時，触覚を頼りに文字を探しやすくなります。

❸ もう片方の袋から同じ文字を探す

もう片方の袋の中に手を入れ，中を見ずに❷で取り出したローマ字と同じものを探します。目で見た文字の形と指先の触覚刺激を合わせることで，より一層細部までローマ字の形に着目し，字形を覚えることができます。

ポイント

- １回目と２回目で，文字を探す手を左右入れ替えるのも良い。
- ひらがなやカタカナが苦手な場合にも，モールで同じように遊ぶことで効果的に字形を記憶することができる。
- 漢字学習に応用する際は，複雑な字形のものは避けた方が良い。

【参考文献】宮﨑圭佑，山田純栄，川崎聡大「視覚と触覚を用いた多感覚学習による Rey-Osterrieth 複雑図形検査の視覚性記憶促進作用について」（認知神経科学会『認知神経科学』24巻３・４号）

活動時間 10分

44 主語と述語の関係が楽しくわかる！

動詞ジェスチャーゲーム

学習内容 第１学年及び第２学年〔知識及び技能〕(1)-カ 文や文章

つまずき 自分や他者の動作と言葉が結びついていない。

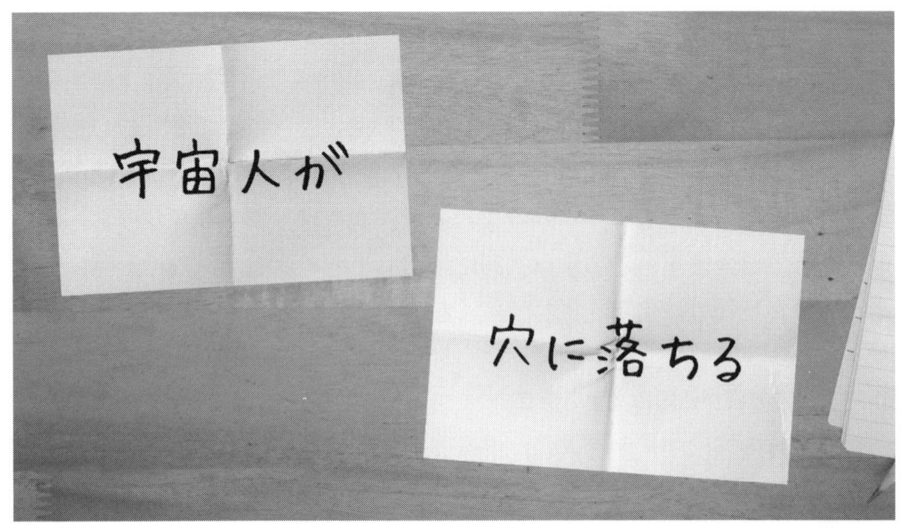

指導のねらい

- 遊びながら動作を表す語彙を増やしていく。
- 簡単な主語と述語の関係に気づく。

準備物

- 紙，鉛筆

指導の流れ

❶ くじを作る

「誰がどうする」という文でジェスチャーゲームをします。「誰が」と「どうする」を短冊状に切った紙にそれぞれ10個ずつ書き，別々の箱に入れてくじを作ります。お題は下記を参考に自由に作ってみてください。

<table>
<tr><th colspan="2">誰が</th><th colspan="2">どうする</th></tr>
<tr><td>犬が
ネコが
ゴリラが
馬が
魚が</td><td>宇宙人が
マッチョな人が
赤ちゃんが
神様が
妖怪が</td><td>歩く
走る
寝る
笑う
座る</td><td>穴に落ちる
オナラをする
ウンチを踏む
変な顔をする
全力で跳ぶ</td></tr>
</table>

❷ くじを引いてレッツジェスチャー

くじ引きの準備ができたら出題者と解答者に分かれます。出題者はそれぞれの箱からくじを１枚ずつ（計２枚）引いて「誰がどうする」という文を確認します。その文が解答者に伝わるようにジェスチャーをします。声を出して OK かどうかは子どもの様子に合わせて調整してください。

❸ 10回正解できたらクリア

出題者のジェスチャーが何を表しているのかを予想して，元になった文を当てることができればクリアです。交代しながら10回クリアする，大人の出題を５問連続で正解する等，ミッションを設定して順番にクリアしていくのもモチベーションが高まります。

読解

ポイント

- 慣れてきたら，お題に形容詞や形容動詞を含めるとレベルアップする。

読解につながる遊び＆教材アイデア

活動時間 10分

45 抽象的な言葉を理解する力が育つ！
スリーヒントクイズ

学習内容 第１学年及び第２学年〔知識及び技能〕⑴-カ 文や文章

つまずき 文が少し曖昧になった途端に読解ができなくなる。

草食動物です

大きな体です

鼻が長いです

指導のねらい

- クイズを通して，上位概念・下位概念・同位概念に慣れ親しむ。
- 複数のヒントを統合して論理的に答えを導き出す。

準備物

- なし

指導の流れ

❶ スリーヒントクイズで育てたい力

「スリーヒントクイズ」は，国語に限らず様々な教科で取り入れられているポピュラーな学習遊びですが，この活動でどのような力を育てるのか，どのような力がないとつまずくのか，を深掘りします。スリーヒントクイズは，３つの情報を手がかりに順序良く正解を考える「論理的思考力」と，言葉の抽象化及び具体化を通して「上位概念・下位概念の理解」が育ちます。

❷ 上位概念（上位語）とは？

言葉の「上位概念（上位語）」と聞くと，聞き慣れない言葉に戸惑う方もいるかもしれませんが，「仲間ことば」や「言葉の仲間分け」と聞くと思い当たるのではないでしょうか。「ピーマン・キャベツ」という下位概念は，「野菜」という同じ上位概念に属する仲間です。「リンゴ」は「果物」の仲間なので別グループですが，「食べ物」という上位概念で見れば，これら３つは同じ仲間になります。この概念を理解することが読解では重要です。

❸ クイズのヒントは上位概念から絞っていく

スリーヒントクイズでは，３つのヒントをもとにお題の言葉を推理していきますが，ヒントを出す時は「上位概念」から絞っていくことが大切です。「肉食動物です→ネコ科です→時速100km で走ることができます→答えはチーターです」というように，出題者がヒントの抽象度を調整することで少しずつ上位概念・下位概念というものに慣れ親しんでいくことができます。

読解

ポイント

- 上位概念がわからないと「僕は乗り物やパトカーが好きです」等の不自然な文を書く，抽象度の高い文を読み解けない等のつまずきにつながる。

活動時間 15分

46 助詞の働きや使い方がわかる！

へんてこ作文ゲーム

学習内容 第1学年及び第2学年〔知識及び技能〕(1)-カ 文や文章

つまずき 助詞の理解が未熟で文の読解が難しい。

指導のねらい

- 遊びを通して助詞の働きを体感的に理解する。
- 完成した文を読んで，どのような状況なのかを想像する。

準備物

- DL「へんてこ作文ゲーム」

指導の流れ

❶ ゲームの準備

「へんてこ作文ゲーム」は，名詞や述語が書かれた「単語カード」と助詞が書かれた「助詞カード」を組み合わせて「おかしな文」を作るゲームです。(※「馬の親子」や「落下した」等の厳密には単語ではないものもありますが，便宜上単語カードと呼びます。）DL 特典の印刷とカードの切り分けができたら，単語カードをシャッフルして各プレイヤーに５枚配ります。次に助詞カードをシャッフルして２枚を表向きで場に出し，準備完了です。

❷ 文を作ってみよう

各プレイヤーは助詞に合うカードを考えて手札から順番に出していきます。「飛んだ。」のように，句点がついている述部のカードは文末に置きます。これを繰り返してどんどんへんてこ作文を作っていきましょう。

❸ 作文に詰まったら？

場の助詞に上手くつながる単語がない場合は，次のことを試してみましょう。①助詞カードを他のものと入れ替える。②助詞カードを新たに追加する。③合いそうな単語カードを山札から１枚選び手札に加える。他にも，「飛んだ。」「落下した。」という２枚のカードの中央に助詞カード「で」を置き，「飛んで落下した。」という形に活用しても OK です。自由に作ってみましょう。

ポイント

- できたへんてこ作文がどのような状況なのか絵で描いてみると，より読解が深まる。イラスト生成 AI を活用できるならイラスト化しても良い。
- できたへんてこ作文を写真に撮って保存しておき，それらを使った短い物語を作っても面白い。

活動時間 15分

47 受け身の言葉が楽しく学べる！

ネコとネズミがする / される

学習内容　第1学年及び第2学年〔知識及び技能〕(1)-カ 文や文章

つまずき　能動態と受動態を使った文の違いがわからない。

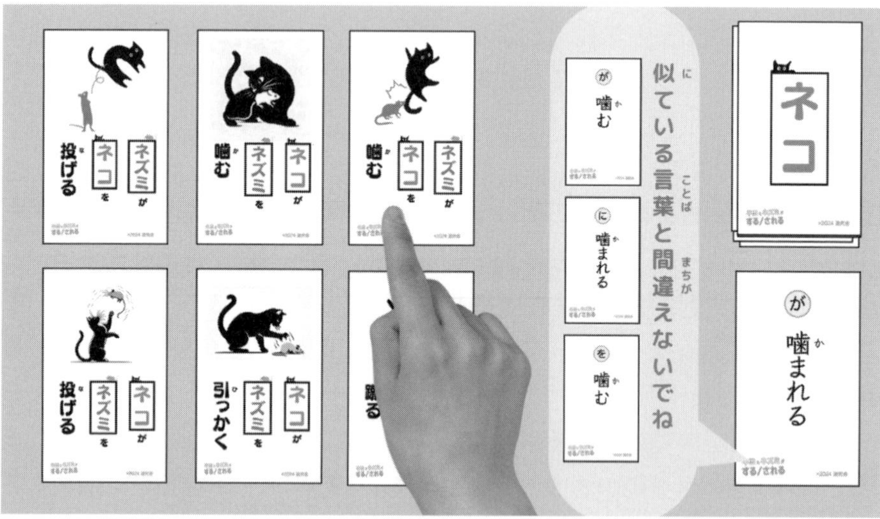

指導のねらい

- 遊びを通して能動態と受動態の違いを理解する。
- 同じ述語でも主語が変われば文意が変わることに気づく。

準備物

- DL「ネコとネズミがする / される」
- ハサミ，のり

指導の流れ

❶ ゲームの概要

「ネコとネズミがする / される」は，読み札の文に合う取り札を素早く探すカルタ形式のゲームです。読み札の裏面には「ネコ or ネズミ」のどちらかが書かれており，表面には「が噛む」や「に蹴られる」等の述語が書かれています。10枚ある取り札には，ネコとネズミによる様々な場面が文とともに描かれていて，完成した読み札と対応するようになっています。誰が誰に何をされているのかを冷静かつ素早く読み取って取り札を見つけましょう。

❷ ゲームの準備

まずは読み札と取り札を作成します。DL 特典を印刷後，外枠を切り落としてから横向きの白線に沿って細長く切ります。中央の点線で山折りにしてから裏面をのりで貼り合わせれば完成です。読み札は１つにまとめてシャッフルしておきましょう。取り札は絵と文がかかれた面を表に向けて10枚全てを場に並べましょう。最後に山札をめくる順番を決めたら準備完了です。

❸ ゲームの遊び方

最初のプレイヤーは山札を１枚めくり，述語が表向きになるよう場に出して皆に見せます。すると左ページの図右側のように文が完成します。この文と同じ場面を表した取り札を素早く見つけてカルタのように手を置きます。一番最初に手を置いた人は述語が書かれた読み札を獲得できます。これを10～20回ぐらい繰り返し最も獲得枚数の多い人が勝者です。

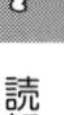

ポイント

- 受動態の理解は読解問題だけでなく日常生活を円滑に行うためにも重要。
- 助詞にも注目させながら理解を促す。

活動時間 10分

48 修飾と被修飾の関係がわかる！
どこどこクイズ

学習内容　第３学年及び第４学年〔知識及び技能〕(1)-カ 文や文章

つまずき　修飾・被修飾の関係がある文を読んで理解することが難しい。

指導のねらい

- 遊びながら主語と述語，修飾と被修飾の関係に気づく力を育てる。
- 複数の情報を統合して，順序良く答えを導く論理的思考力を育てる。

準備物

- DL 「どこどこクイズ」
- 鉛筆

指導の流れ

❶ ゲームの概要

「どこどこクイズ」は，各問題に書かれている文を読み，その文が指し示すものはどこにあるかを考えるクイズです。難易度は全部で６段階あり，難しくなるにつれて注意深く読み取る力が必要になります。このクイズを通して，主語と述語の関係，修飾と被修飾の関係について理解する力を育てます。

❷ つまずいた時は？

この問題が解けない時は次の２つのことに注意してみてください。①複数の文の情報を同時に覚えられているか？　②文中の主語・述語，修飾・被修飾の関係を理解できているか？　①が原因の場合は，文を１つ読んだら当てはまらないものを消すという「消去法」で答えを探っていきます。②が原因の場合は，直接答えに関係のない部分を消しながらどの言葉がどの部分を説明しているかをわかりやすくすると良いでしょう。

❸ 自分でもクイズを作ろう

正解できたら，プリントのイラストを利用して自分でも「どこどこクイズ」を作ってみましょう。DL 特典から説明文が空欄のものも利用できます。

ポイント

- 一文の中の修飾と被修飾の関係を理解する力が，文と文のつながりや，段落同士の関係を理解する力へと育っていく。

活動時間 20分

49 接続する言葉の働きが学べる！ 接続詞ビルダー

学習内容 第３学年及び第４学年〔知識及び技能〕(1)-カ 文や文章

つまずき 接続する語句の働きがよくわからない。

指導のねらい

- 遊びながら，接続する語句がどのような働きをするか理解する。
- 接続する語句に合わせた自然な文の流れを考える。

準備物

- DL「接続詞ビルダー」
- コマの代わりになるものを参加人数×５個ずつ（小さなブロック等）

指導の流れ

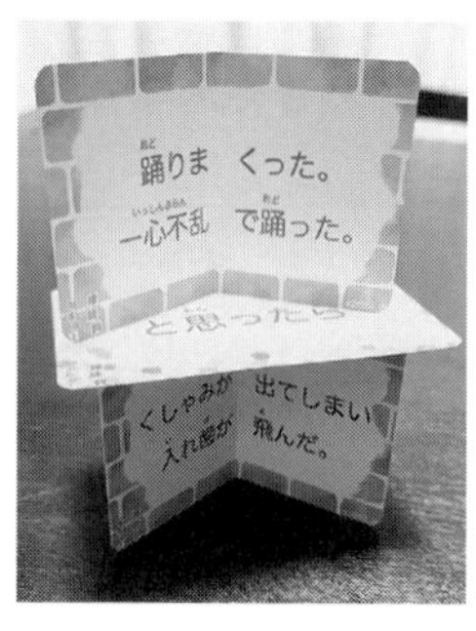

❶ ゲームの概要

「接続詞ビルダー」は，様々な文を「接続する語句」でつなげながら文章のタワーを作る遊びです。思わず笑ってしまう文を作りつつも，どのような構成にすれば自然な文章になるかを考えて遊んでいきます。ゲームの前に「接続詞の床」20枚を表向きで場に並べます。次に「文の壁」を各プレイヤーに５～７枚ずつ配ります。「文の壁」は90度に曲がるよう，中央に折り目をつけます。残った「文の壁」から１枚を選んで場に置きます。

❷ ゲームのルール

【自分の番の行動】①場の「文の壁」に合う「接続詞の床」を作る。その接続詞と階下の文に合う「文の壁」を手札から１枚選んで上階を作る。②手札の「文の壁」を好きな場所に置いて新たなタワーを作る。③希望するなら自分のコマを「接続詞の床」の上に置く。コマを置いた人はそのタワーの文を全て読み上げる。「私は…」と主語を追加しても OK。【勝利条件】全員の手札がなくなったらゲーム終了。タワーの最も高い階にコマを置いているプレイヤーはタワーの高さに応じた得点を獲得する。途中でタワーが崩れた場合，崩れる前に最も高い階にコマを置いていたプレイヤーがその時点の得点を獲得する（崩した人が最も高い階にいた場合は０点）。【得点】１階＝１点，２階＝３点，３階＝６点……n 階＝ n（n ＋１）/２点。

ポイント

- タワーを作らず，正順に文と接続詞を並べていっても良い。
- 本書に書ききれない細かなルールは，プレイヤー同士で話し合って決めていく。（例：崩れたタワーの「床と壁」はどうするか？等）

活動時間
10分

50 形容詞と対義語について理解する！

対義語ゲーム

学習内容　第３学年及び第４学年〔知識及び技能〕⑴ - カ 文や文章

つまずき　形容詞の意味がよくわからない。

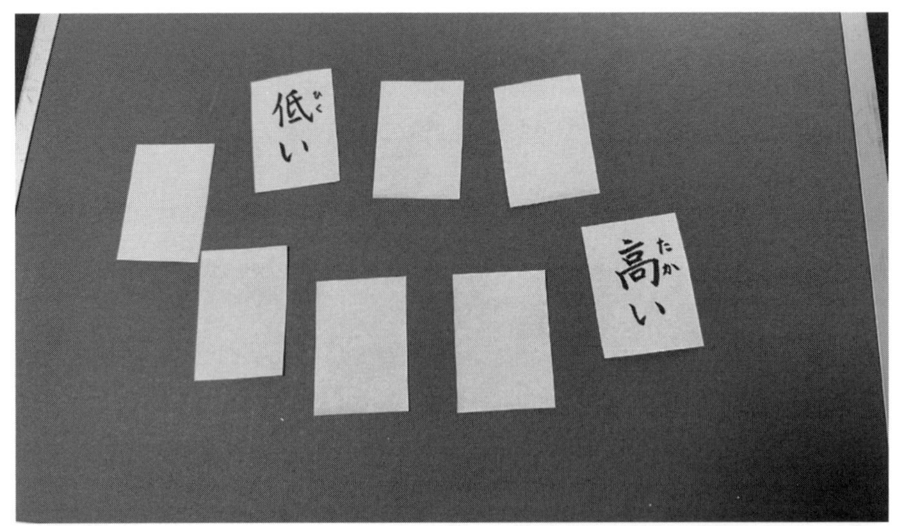

指導のねらい

- 形容詞の意味を理解する。
- 対の意味になる形容詞を理解する。

準備物

- 白紙のカード（付箋やメモ用紙でも OK）

指導の流れ

❶ 形容詞とは何かを確かめる

はじめに子どもと「形容詞」とは何かを確かめます。「大きい声」の「大きい」等のように，物事を詳しく説明するような言葉で，最後が「い」で終わるものが形容詞です。こうした説明の後，子どもと形容詞を順番に１つずつ言っていきます。出てきた形容詞は１つずつカードに書き記しておきます。

❷ 反対の意味の形容詞を言い合う

次に，❶で出た形容詞のうち，対義語があるものはどんな形容詞になるのかを言っていきます。「高い」という形容詞が出ていたら，「高いの反対は？」と質問して「低い」が対義語であることを確かめます。子どもが「高くない」と答えた場合は，対義語と打ち消しの違いについても説明します。また，中には「赤い・白い」のように対として扱われることが多々あるけれど対義語かどうか悩むものもあります。対義語に関する定義は難しく，人の感覚や基準によって変化する上，必ずしも一対一で対応するとは限りません。ここでは緩やかに考え，子どもが「対になると思った感覚」を大切にします。

❸ 神経衰弱やカルタ等で遊ぶ

❷で出た形容詞も１つずつカードに書き記しておきます。すると形容詞のペアができるので，このペアを使った神経衰弱やカルタ，ババ抜き等の対義語ゲームをしていきます。アイデア次第で様々なゲームに応用できます。

ポイント

- 対義語の概念がよくわからない場合は，対の意味の形容詞を１枚のカードにまとめて書き，それを２枚用意してから遊んでも良い。

【参考資料】野口陽一「森林水文学用語試論」6．類義語，対義語など（一般社団法人日本治山治水協会『水利科学』34巻４号）

活動時間 5分

51 語彙を増やしながら文を作る！

大根ゲーム

学習内容　全学年〔知識及び技能〕(1)-エ 漢字，(1)-オ 語彙

つまずき　多様な読み方のある漢字とその語句を覚えられない。

お題「大」
大きな大根を
大切に育てる。
大雨がふって、大学の
庭に…

指導のねらい

- 1つの文字から語彙の量を増やしていく。
- 漢字の持つ意味を理解する。

準備物

- ホワイトボード，ホワイトボードマーカー
- 漢字ドリル等の漢字の読み方を調べられるもの

指導の流れ

❶ お題にする文字を決める

ひらがな，カタカナ，漢字のどれか1文字をお題にします。例えば，「大」のように「大根」「大きい」「大切」などのいくつもの読み方をする漢字をお題にすると，取り組みやすくなり楽しさがアップします。

❷ お題の文字が使われる言葉をできるだけ多く使って文を作る

例えば，お題が「大」なら「大きな大根を大切に育てる。大雨が降って…」というように「大」という文字をできるだけ多く使って文章を作ります。制限時間を決めて挑戦するとゲーム性が高くなります。なかなか思いつかない場合は，漢字ドリル等を使って漢字の読み方を調べたり，辞書で言葉を検索したりすると良いでしょう。その時は時間をストップします。

❸ お題の文字を何回使えたかを数える

書いた文章中にお題の文字が何回使えたかを数えて記録します。「○回以上使えたら宇宙レベル！」というように，目標を子どもに馴染みのある言葉で設定すると楽しく学習することができます。お題の文字をより多く使おうとすることで，漢字の読みや語彙の理解が深まります。お題の1文字だけでは上手く文が作れない時もあります。子どもの実態に合わせ，お題の文字数は調整しましょう。文章にならなくてもOKというルールでも良いでしょう。

ポイント

- 自分で単語を考えるのが難しい場合には，先にお題の文字を使った単語を調べて書き出しておき，その単語を使った文を作っても良い。
- はじめはひらがな，カタカナをお題にしても良い（例：お題「み」・三つのみかんを皆で食べた。右の道を行くと見たことのない民家があった)。

活動時間 5分

52 指示語を使って考えよう！ こそあど推理ゲーム

学習内容 第3学年及び第4学年〔知識及び技能〕(1)-カ 文や文章

つまずき 指示する語句が何を指しているのかを理解することが苦手。

指導のねらい

- 指示する語句の役割について理解する。
- 指示する語句が日常会話でどのように使われているかに着目する。

準備物

- 紙，鉛筆（なくても良い。メモをしたいなら必要）

指導の流れ

❶ こそあど言葉を確認する

はじめに子どもと「こそあど言葉（指示語）」について確認します。「これ / それ / あれ / どれ」といった物事を示すもの，「ここ / そこ / あそこ / どこ」といった場所を示すもの，「この / その / あの / どの」といった連体詞になるもの等，整理してみると意外とたくさんあります。整理しながらそれぞれの指示語が使われる場面の違いを確かめておくと良いでしょう。

❷ ゲームのルール

「こそあど推理ゲーム」は２人１組で行います。どちらか１人がお題となるものを決め，もう１人は探偵役になってそのお題が何かを当てるゲームです。はじめにお題を決めた出題者が「これは……です」という形でヒントを出します。もちろんお題の単語自体は言ってはいけません。それを聞いた探偵は「それは……ですか？」と質問し，出題者はそれに「そう / 多分そう / 多分違う / 違う / わからない」の５択で答えます。探偵は，この５択で答えられるクローズドクエスチョンをしてください。次に出題者は「あの…」や「あんな…」等，「あ」から始まる指示語で２つ目のヒントを出します。最後に探偵は「どんな…」や「どのように…」等，「ど」から始まるオープンクエスチョンをします。出題者が答えたら探偵はお題が何かを当てます。当たれば推理成功！　外れたら推理失敗！　役を入れ替えてこれを繰り返します。

ポイント

- １周で答えがわからない時は，使用する指示語を変えて２周目の推理タイムに突入してもOK。使う指示語を変えることで説明の角度が変わる。
- お題は，物の名前だけでなく，場所や季節・時間の名前，気分や感情等も入れてみると使用する指示語の幅が広がる。

活動時間 10分

53 発音・発声のリズムを習得！

デタラメリズム音読

学習内容 第1学年及び第2学年〔知識及び技能〕(1)-イ 音節と文字・発声や発音

つまずき 文を読む速さのコントロールが難しい。

指導のねらい

- 指示に合わせて文を読む速さをコントロールする力を育てる。
- 適切な口型や姿勢，発声や発音の練習をする。

準備物

- 五十音表

指導の流れ

❶ デタラメあいうえお

五十音表を子どもに見せながら,「真似してね」と伝えて「あ・い・う・え・お」と大人が発声します。続けて子どもにも同じように発声させます。ただ発声するだけではなく,手拍子をしながら「あーーいーーうーーえーーおーー」と拍を長くしたり,「ｱｲｳｴｵ！　ｶｷｸｹｺ！」と拍を短くしたりしていきます。また,「い・う・え・お・あ」と順番を入れ替えて正しく模倣ができるかも挑戦します。リズムや並べ替えは下記も参考にしてください。

タ タ タ タ タン	タン タン タン タン タン	タッ タッ タ タ タ
あ い う え お -	あ - い - う - え - お -	おっ えっ う い あ
タン タン タタ タン	タッ タ タ タ タ タ	タターン タターン
あ - い - うえ お -	あっ い う え お あ	あいうー えおあー

❷ 学校での俳句の学習（小３）に合わせた活動

上述した「デタラメあいうえお」を,五七五のリズムで取り組んでみましょう。「えおあいう　かきくけこかこ　すせそさし」のような形です。清音でクリアできたら濁音・半濁音や拗音も混ぜてみましょう。「ぼぴょちゅるぺ　じゅごっぽじゃっぱ　ぴょぴょぴょちゅーん」のような無意味音節でも,五七五のリズムに乗せると何となく「和の雰囲気」が感じられ,そのギャップに思わず笑ってしまいそうになります。笑いを堪えながらの発声は腹筋と頬が刺激されますし集中力も高まります。積極的に子どもを笑わせましょう。

ポイント

- 大きな声を出させたい時は逆に小さな声で発声をしてから音量を上げるような流れにする。口の大きさも同様に小さく→大きくと変化をつける。
- 指定された速さに合わせて読む体験によって「勝手読み」が軽減される。

活動時間 15分

54 文字が苦手な子も音読に親しめる！

絵文字文

学習内容 第１学年及び第２学年〔知識及び技能〕(1)-イ 音節と文字・発声や発音

つまずき 語のまとまりが意識できず，逐次読みになる。

きのう、🏠で 👨と いっしょに

🚗の 🎮をしました。それから🍦を

たべました。とても 🤤です。

指導のねらい

- 文字情報を少なくしつつ，文の構造を読んで理解する。
- 音読時の「音」と，絵文字から伝わる「情景」を一致させる。

準備物

- PC 等で作成した「絵文字入り文章」

指導の流れ

❶ 絵文字入り文章を作る

まずは子どもに音読をさせる「絵文字入り文章」を作ります。左ページの図を参考に，PC 等の文書入力ソフトで，文中の単語をできるだけ絵文字に置き換えて作ります。絵文字は，余計なものを省いて簡素化しつつも，相手に正しく伝えるための必要な情報を失っていないという長所があります。文章中の文字の認知が難しいために，音読に抵抗がある子には絵文字を活用しながら成功体験を積み重ねていきましょう。お題となる文章は絵文字だけでなく，イラストを挿入しても良いでしょう。できるだけシンプルなイラストが望ましいです。手描きであれば咄嗟に自由度の高い文章が作れます。

❷ 絵文字入り文章を読む

文章ができたら子どもと一緒に読んでいきます。音読が苦手な子なら，まず大人が範読をしてから子どもに復唱させる「追い読み」がおすすめです。範読の際には１文節ずつ区切りながら読み進めていきましょう。余談ですが，この「追い読み」は，大人の読む番と子どもの読む番が交互に変わりつつ，決められたところまで読むということを繰り返すので，順番やルールを守るトレーニングとしても効果が期待できます。

❸ 文章の内容を質問して確かめる

子どもが文章を読み終わったら，「誰と何をしましたか？」というような，文章の内容を確かめる質問をしてみましょう。誤読があれば読み返します。

ポイント

- 右の図のような宝探しの暗号を作って遊ぶのも良い。

音読

活動時間 5分

55 文字をゆっくりと読む意識が育つ！ 噛まずに言葉

学習内容　第1学年及び第2学年〔知識及び技能〕(1)-ク 音読・朗読

つまずき　文章をすらすらと読むことが難しい。

あぶりカルビ

あぶりカブリ

指導のねらい

- 文字をよく読んでゆっくりと正しく発音する。
- 遊びながら間違えることの楽しさも感じ，安心して挑戦する経験を積む。

準備物

- 早口言葉

指導の流れ

❶ お題の早口言葉を決める

「噛まずに言葉」は，早口言葉を噛まずに最後までゆっくりと正しく読むチャレンジです。早口言葉ですが速さは無視して，とにかく噛まずに読めるかということだけを大切にします。まずはお題となる早口言葉を決めましょう。左ページの図でも紹介している「あぶりカルビ」は，たった6文字なのに噛まずに最後まで正しく読むのがとても難しい早口言葉です。おすすめなのでぜひチャレンジしてみてほしいです。

❷ 噛まずに3回読む

はじめは，一度も噛まずに最後まで正しく読めることを目指して3回読んでみましょう。1文字ずつゆっくり読んでも，途中で間を空けても良いです。次は，制限時間を決めて挑戦してみましょう。制限時間といっても，一度目のチャレンジの様子を見て，余裕でクリアできるぐらいの時間に設定します。とはいえ，時間を設定すると噛みやすくなります。それもクリアできたら時間を半分にして，倍速で読めるかチャレンジします。色々な早口言葉を噛まずに言えるか試してみましょう。

★ おすすめの早口言葉

「バナナの謎はまだ謎なのだぞ」「ブラジル人のミラクルビラ配り」「油売るアラブの油売り」「なかなかカタカナ書けなかったな」「マジで貧しい真面目な魔術師」「美術室給食室教職員室」「アンドロメダ座だぞ」

ポイント

- 早口言葉の表記は，ひらがなのみ，カタカナのみ，漢字交じり等，色々な形式に変えてみるのも良い。ローマ字にしても良い。

活動時間 10分

56 情景や心情を読み取る練習になる！

なりきりアニメ声優

学習内容　第１学年及び第２学年〔知識及び技能〕(1)-ク 音読・朗読

つまずき　語のまとまりや言葉の響きを意識して音読することが苦手。

指導のねらい

- とにかく楽しく音読をする。
- 場面の情景や人物の心情を想像しながら言葉の響きを意識する。

準備物

- 好きな漫画や絵本（激しいアクションがあると尚良い）
- 効果音アプリ（なくても良い）

指導の流れ

❶ 活動の概要

「なりきりアニメ声優」は，子どもが好きな漫画や絵本を題材にして全身全霊を込めて音読をする活動です。大人が中途半端な読み方をするとものすごく辛い空気が流れるので，どうせやるなら思いきり全力でやった方が子ども達も徐々にテンションが上がってきます。

❷ 読み方のコツ

漫画を台本にして読んでいく場合，描かれている絵から，どんな状況で誰がどのような表情でセリフを言っているのかを確かめます。吹き出しの大きさや文字のフォントにも注目しましょう。そのキャラクターになりきって読み上げていきます。漫画や絵本は教科書等とは違って，セリフを言っている人物やその時の動作，背景が描かれているので視覚的に想像しやすいという特徴があります。効果音も忘れずに読み上げましょう。スマートフォンの効果音アプリを使って演出するのもありです。ただ，ちょうどいい音を探すことが大変なので口頭ですぐに読み上げた方が臨場感を失わずに進められます。

❸ 役を交代して演じてみよう

同じ場面でも役を交代して読んでみると，違った読み方になることもあります。読み手がどのようにその場面を解釈したのか，それをどう表現したのかその違いを感じることも音読の楽しさです。動きや表情をつけると更に表現の幅が広がります。僕はよく誇張しすぎだと子ども達に指摘されます。

ポイント

- 漫画には「地の文」があまりない。絵本等の児童文学作品も題材にして，「地の文」の読み方にも慣れていく。

活動時間 15分

57 集中して読み聞きする力が育つ！ 音読間違い探し

学習内容 第１学年及び第２学年〔思考力，判断力，表現力等〕A(1)-エ 聞くこと

つまずき 文章を注意深く読んだり，人の話を聞いたりすることが苦手。

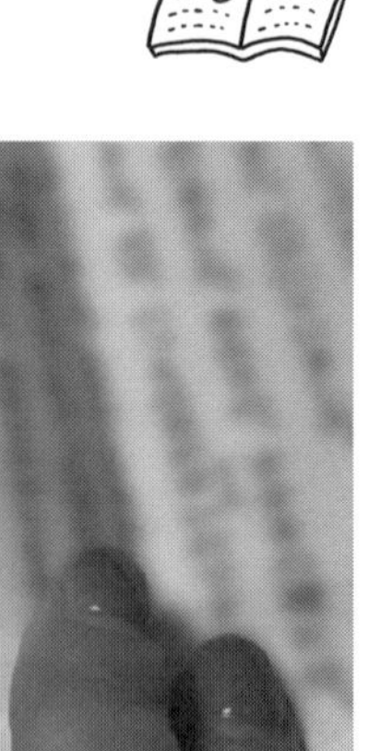

指導のねらい

- ゲーム感覚で楽しみながら音読に慣れ親しむ。
- 大事な部分を落とさないように注意深く聞く力を育てる。

準備物

- ブロック等の小物
- 教科書や絵本等の文章が書いてあるもの

指導の流れ

❶ 音読間違い探しの遊び方

はじめに読み手を１人決めます。読み手は読んでいる途中でわざと文章にはない単語を交ぜたり読み替えたりします（例：登場人物の名前を自分に変えて読む，「魚」等の名詞を「犬」等の他のものに変えて読む）。他のプレイヤーは聞き手となり，読み手が読んだ文章の間違いに気づけるか挑戦します。

❷ 遊び方１：早抜け間違い探し

プレイヤーの人数より１つ少ない個数のブロックを場の中心に置いてから，読み手は音読を始めます。プレイヤーは読み手の間違いに気づいたら素早くブロックを取ります。ブロックを取れなかったプレイヤーが次の読み手になります。読み手は想定していないところで間違えないように正しく読む力が必要になりますし，聞き手は文章を目で追いながら注意深く聞きつつ，すぐに反応する力が求められます。

❸ 遊び方２：間違いトレジャー

はじめに読み手が読む範囲を決め，その中にいくつの間違いを仕込むかを宣言します。聞き手は，読み手の音読を聞きながらどこが間違いなのかを覚えていきます。最後まで聞き終わってから，どこが間違いだったのかを「せーの」で１つ目から順番に答えていきます。読み手は正解発表をしてから次の人と役割を交代します。

ポイント

- 短い文をお題にし，はじめに何度か繰り返し音読して聞き手が文を覚えてから，上記の間違い探しをしても面白い。
- 音読の苦手さの背景には注意深く聞く力の弱さが関係していることもある。

活動時間 15分

58 感覚を直感的な言葉に！ あかちゃんだって伝えたい！

学習内容 第１学年及び第２学年〔思考力，判断力，表現力等〕A(1)-オ 話し合うこと

つまずき 自分の見たものを言葉で表すことが難しい。

指導のねらい

- 幼児語を用いて具体的なイメージや感覚を直感的に言語化する。
- 聞き手に効果的に伝わる表現を論理的に考えながら文を構成する。

準備物

- DL「あかちゃんだって伝えたい！」

指導の流れ

❶ ゲームの概要

「あかちゃんだって伝えたい！」は，オノマトペを含む幼児語を上手く活用しながら，２語文や３語文で相手に自分の見ている写真がどのようなものかを伝えるゲームです。プレイヤーは読み札を引いて読む役と，それを聞いて取り札を取る役に分かれて，協力しながら札を獲得していきます。

❷ ゲームのルール

はじめに取り札を表向きにして机の上に並べます。読み札は裏向きで重ねて山札にしておきます。役の順番を決めたら，読み役が山札から読み札を１枚引きます。そして読み札の写真がどんな写真かを，他の人達に伝えるのですが説明には指定された語数の単語しか使えません。更に読み札には「禁止ワード」が設定されています。禁止ワードを避けつつ，少ない語数で自分の伝えたいイメージを相手に伝えましょう。ただし，禁止ワードを「あかちゃん言葉」に変えて伝えるのは OK です。「ぶーぶー　いっぱい！」のようにあかちゃんになりきって相手にイメージを伝えてみましょう。

❸ クリア条件

一度お手つきをしたらそのお題はチャレンジ失敗です。お題を公開した後，山札に戻してシャッフルし，次の人に交代します。正解だった場合は読み札だけを裏向きにし，他の札と混ざらないように置いておきます。取り札は場に残したまま次の人に交代します。山札にある読み札が全てなくなるオールクリアを目指して，皆で協力しながら伝え合っていきましょう。

ポイント

- 幼児語は，イメージや感覚の言語化を助け，言葉の理解を深めてくれる。

活動時間 15分

59 順序立てて文を作る練習になる！ 作文ヒーローインタビュー

学習内容 第１学年～第４学年〔思考力，判断力，表現力等〕A(1)-イ 話すこと

つまずき 体験したことや感じたことを順序立てて言葉にすることが苦手。

指導のねらい

- 体験したことや感じたことを言語化し，順序良く整理する力を育てる。
- 聞き手と自分との情報の差に気づき，何を伝えるべきかを考える。

準備物

- メモ用紙（付箋でも OK），鉛筆
- マイクに見立てたもの

指導の流れ

❶ 作文ヒーローインタビューとは？

これは，作文のテーマに沿った質問を子どもに投げかけ，一問一答形式で作文の材料となる「言葉」を一緒に紡いでいく活動です。大人の質問力や，臨機応変に対応しつつ作文の構成を考える力も重要になります。

❷ 進め方（例：運動会について作文を書く場合）

①記者（大人）は，質問をする前に大まかなハイライトを言語化します。
例「運動会お疲れ様でした。残念ながら白組の勝利とはなりましたが，○○選手の努力する姿は多くの観客に感動を届けたと思います。玉入れ，リレー，ダンス，どれも見事でした！」この段階で既に子どもが「ありがとうございます」と神妙な顔で役に入っていることもあります（笑）。

②次にオープンクエスチョンで大まかな方向性を決めていきます。
例「今日の運動会で，特に印象に残っている競技は何でしょうか？」
例「今日の運動会。一言で，今の気持ちを表すとすると？」
→「その理由はなぜでしょうか？」とつなげていきます。

③クローズドクエスチョンを織り交ぜながら細部を言語化していきます。
例「玉入れで入った瞬間，とても嬉しかったということでしょうか？」
例「リレーでバトンを落とした時，やはり悔しかったですか？」
→「くっそー！という感じでしたか？」と，心内語の表現も促します。

④「今日のヒーローインタビューは○○選手でした！　素晴らしい活躍を見せてくださりありがとうございました！　大きな拍手をお願いします！」と終えて，質問と回答をまとめたメモを並び替えて作文用紙に清書します。

ポイント

- 作文以外の時にも普段からインタビューをしていると言語化が上達する。

活動時間 15分

60 ねらいを持って作文をする力が育つ！

ウソウソ作文ゲーム

学習内容 第１学年～第４学年〔思考力，判断力，表現力等〕B(1)-イ 構成の検討

つまずき ねらいを持って文や文章を構成することが苦手。

指導のねらい

- 事柄の順序や構成を考えながら，ねらいを持って文を作成する。
- 自分や他者の考えた文を読みながら，言葉で表すことの楽しさを実感する。

準備物

- メモ用紙（付箋でも OK），鉛筆

指導の流れ

❶ ウソウソ作文の材料を作る

「ウソウソ作文」は，「だれが・いつ・どこで・なぜ・だれと・どうした」という事柄が書かれたカードを組み合わせて，聞いた人が「ウソー!?」と驚くような作文を考える遊びです。ゲームの前に，「だれが」や「どうした」のカードを子どもと自作していきます。「先生が・お父さんが・妹が」のようなもののほか，「怖い妖怪が・巨大なイカが・鼻毛の出ている人が」等のジョーク要素も加えると良いです。そうすることで，カードを作りながら自然と修飾・被修飾の関係も学びつつ語彙の増加も期待できます。「どうした」のカードは他のカードよりも多めに作っておくと良いでしょう。

❷ 種類別に分けてカードを選ぶ

全種類のカードが完成したら種類別にシャッフルして山札を作ります。次に「だれが」の山札から３～５枚のカードを表向きにして場に出し，その中から好きなカードを選びます。山札から１枚補充して，次の人も同じくカードを選んでいきます。これを全種類のカードで繰り返して文を作ります。

❸ カードを発表する

全員が完成したら順番に発表していきます。作った文を一気に読んでも良いですが，読むのが苦手な子は１文節ずつ区切りながら発表していくと面白さが欠けずに発表しやすくなります。最後に「最もウソー!? と思った文」に指を差して投票し，その回の「ウソウソマスター」を決めます。この工程を挟むことで，他者の文をよく読んで想像しようとする気持ちが育めます。

ポイント

- 一対一の場合は投票ではなく，イラスト化をしてみるのも面白い。

活動時間 20分

61 自分の考えを伝える力が育つ！ おみくじづくり

学習内容 第１学年～第４学年〔思考力，判断力，表現力等〕B(1)-ウ 考えの形成・記述

つまずき 自分の考えたことを相手に伝わるよう文章にすることが苦手。

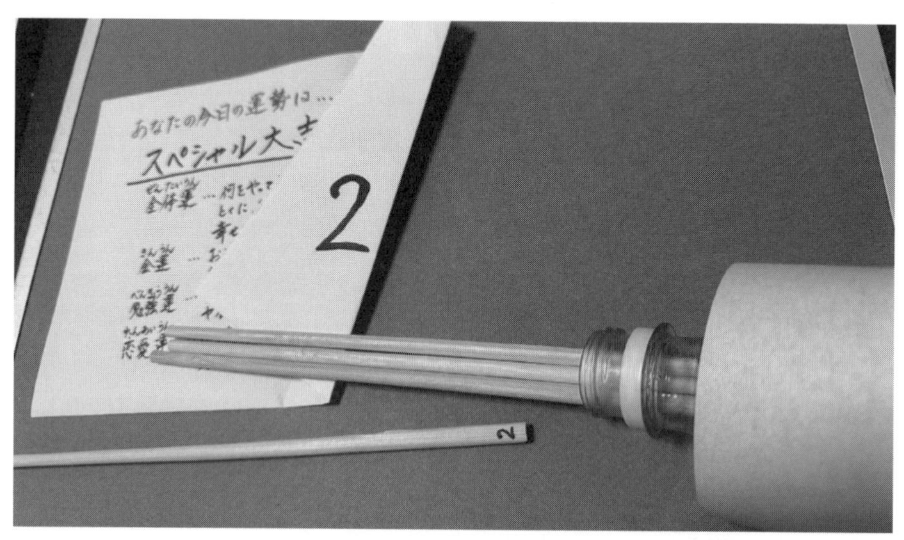

指導のねらい

- 自分の考えたことを文にして相手に伝える経験をする。
- 「○○運」という短い段落を組み合わせて全体の文章を構成する。

準備物

- 750mL～１Ｌのペットボトル，色画用紙，割り箸（好きな本数）
- メモ用紙，サインペン

指導の流れ

❶ くじを作る

用意した割り箸の先端に数字を書いていきます。番号は重複しないよう１から順に書いても良いですし好きな数字を書いても良いです。自分や身近な人の誕生日を書いても良いです。アラビア数字ではなく漢数字で書く練習をしても良いでしょう。10月５日生まれなら「一〇五」のように書きます。

❷ くじ入れを作る

数字を書いた割り箸を，数字がペットボトルの“口”の方を向くように挿入していきます。詰め込みすぎると出てこなくなるので，上下に振ったら動くぐらいの余裕を作っておきます。次にペットボトルの外側に色画用紙を貼り付けて中が見えないようにします。色画用紙に「おみくじ」と書いたり，写真を参考にして飾りを付けたり，オリジナルおみくじを作ってみましょう。

❸ おみくじを作る

メモ用紙にオリジナルおみくじの結果を書きます。「〇〇吉」のように運勢を書く際，「超スペシャル大吉」のようにオリジナルの名称にしたり，とびきりポジティブなものにしたりすると盛り上がります。簡単な説明やラッキーアイテム等も，実際のおみくじを参考にしながら書いてみましょう。それが書けたら中身が見えないよう折り畳み，外側に割り箸の番号と対応する数字を書きます。自由にオリジナルおみくじで遊んでみましょう。

ポイント

- 「〇〇吉」以外にも「うさぎ→飛躍の日になりそう！」「ナマケモノ→家でゆっくり過ごすと良いでしょう」のように動物くじにしても面白い。
- 自分で書くことが思いつかない場合は大人が項目を指定すると良い。

作文

活動時間 20分

62 想像して文を書く力が育つ！

作文ポーカー

学習内容 全学年〔思考力，判断力，表現力等〕B(1)-イ 構成の検討

つまずき 自分の考えたことを，筋道を立てて順序良く伝えることが苦手。

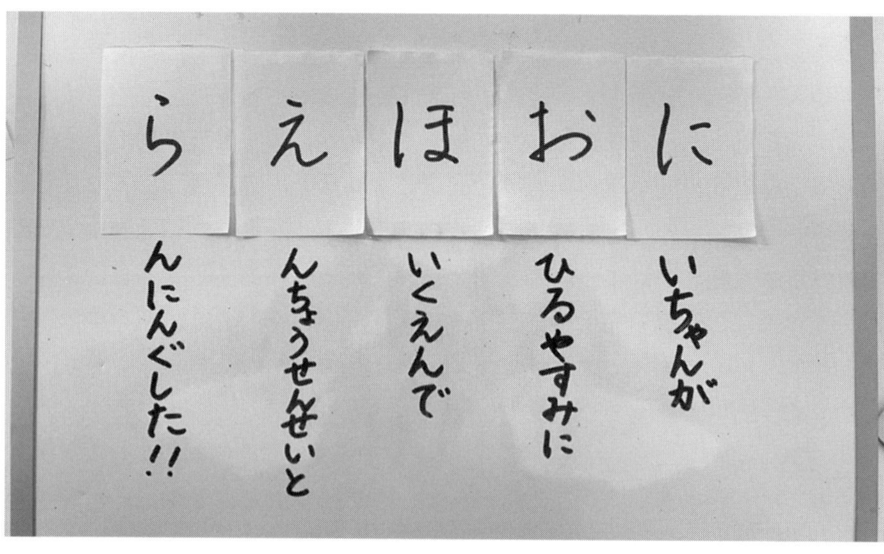

指導のねらい

- 指定された文字から語句を連想することで語彙を増やす。
- 自分の考えたことを言葉にして文を構成する。

準備物

- ひらがなカード，カタカナカード，漢字カード
- 紙，鉛筆

指導の流れ

❶ ゲームの準備

「作文ポーカー」は，文字の書かれたカードをポーカーのように交換しながら，「あいうえお作文」を作るゲームです。使用する文字カードはひらがなのみ，カタカナ交じり，漢字交じり等，子どもの実態に応じて調整します。本書の DL 特典㉞「必殺！漢字奥義ゲーム」の漢字カードを使用しても良いでしょう。カードが準備できたらよくシャッフルし，裏向きにして１人に５枚ずつ配ります。余ったカードは山札として場の中央に置きます。順番を決めたらゲームスタートです。

❷ ゲームの遊び方

自分の番が来たら，手札のいらないカードを捨て，同じ枚数を山札の一番上から取ります。「２回まで交換 OK」等，何回交換して良いかを予め決めておきましょう。交換せずにパスをしても OK です。

❸ 手札の５文字であいうえお作文を作る

全員の交換が終わったら，５文字をそれぞれ「誰が」「いつ」「どこで」「誰と」「どうする（どうした）」の頭文字にしたあいうえお作文を作ります。手札の文字は自由に並べ替えて OK です。ポーカーのように「５文字全てを使えたら高得点！」としたり，「誰がどうしたという２文字を使った文を２つ作れたらツーペア！」としたり作成の幅を持たせると良いでしょう。得点形式や投票形式にして勝者を決めても良いですし，「それぞれの役を○回作れたらミッションクリア」という協力ゲームにしても楽しめます。

ポイント

- 「文の『誰が』は妖怪にする」といった“縛り”を決めても盛り上がる。

おわりに

本書を読んでくださりありがとうございます。僕と共著者の小澤は，凸凹のある子や，そうした様々な背景のある子達の成長を支えようと日々尽力しておられる保護者や教育関係者の皆さんのお役に立とうと，「デキルバ」というオンライン上の学習サポートコミュニティを運営しています。

そこに日々寄せられる相談内容は本当に多様で，教科学習の進め方に限らず，人間関係に関するものや社会規範に関するもの，自立に関するものなど様々です。しかし，そのような相談の根っこを深く観察していると，「国語力」が大きく影響していると思えるものが多数あります。例えば，「学校で友達からバカにされたと思って癇癪を起こし，相手を叩いてしまった」という相談がありました。よく話を聞いてみると，「Ａさんだったら楽勝だよ」と友達が励ましてくれた言葉の「楽勝」という部分だけを捉えてしまい，「こんな楽勝なものもできないのかとバカにされた」と受け取ってしまったことが原因だとわかりました。また，真夏の日中に少しの間留守番をしていた小学校高学年の子が，「冷房と暖房」の字を読み間違えて暖房をかけ続けて熱中症になりかけたという報告をしてくれた方もいます。このように，言葉を正しく受け取ったり自分の意図を正しく伝えたりすることは，国語のテストの問題だけではなく，子どもが豊かに生きていくための必要不可欠な土台となるのです。

しかし，「はじめに」でもお伝えしたように，国語をどのように教えていくのか，特に勉強に苦手さのある子の国語力をどうやって育むのかということは大変難しい課題です。素晴らしい実践や教材の数々が既に世間にはありますが「これさえすればどんな子も100%大丈夫！」という魔法の学習方法はありません。だからこそ皆さんも日々頭を悩ませているかと思います。

そんな先生方の引き出しの１つとして，本書のアイデアを活用していただければ大変嬉しく思います。ただ，本書のアイデアが僕と小澤がこれまで出会ってきたお子さんには有効であっても，目の前にいる子どもにも有効かはわかりません。教育書を読んだ時に「うちの子にはこんなに上手くいかないよ～！」と思うことはありませんか。僕はしょっちゅう思います。

本書で紹介したアイデアも，子どもの実態に合わせて学習の導入を工夫する必要があるのか，子どもの好きなものをミックスするのか，本書にはないアイデアを試す必要があるのか等，柔軟に創意工夫することが大切です。

日々生まれる学習の悩みを，個々に合わせた具体的な方法で解決していくため，2022年に「デキルバ」という学習サポートコミュニティを創設しました。デキルバは，子どもが夢中で学んで成長できるよう，24時間いつでも学習の相談ができて解決できるオンライン上の学び場です。90種類以上（データ総数1,200点以上）のオリジナル教材を自由にダウンロードできるほか，僕たちが実際にどのように実践しているのかをオンライン授業で体験・見学もできます。創設から約２年で220名もの方が登録してくださり，保護者・教員・塾講師等，様々な方が日々の学習に役立ててくださっています（教材数と会員数は本書執筆時の2024年４月現在）。

本書でご紹介したアイデアの更に深いポイントを解説しながら実際に学習を進めていく体験会も開催しています。申し込みは右の QR コードを読み取るか，インターネットで「デキルバ」と検索してみてください。

著者を代表して　中道 貴洋

【著者紹介】

中道　貴洋（なかみち　たかひろ）
デキルバ代表。遊びで学ぶ夢中体験を作り出す「夢中力クリエイター」として活動中。
教科書通りの教え方では理解が難しい子，学習につまずいて自信や好奇心を失ってしまった子，そして我が子の将来を不安に思っている保護者の力になりたいと思い，2022年に「遊びで学ぶ夢中体験」をオンライン上でシェアするコミュニティ【デキルバ（https://dekiruba.com)】を設立。
［執筆１章，２章01～03，06～14，16～21，27～35，39～41，44～46，48，49，53，54，58～60］

小澤　樹（おざわ　いつき）
デキルバCPO。凸凹に関係なく楽しく学べて親子で一緒に成長できるアイデアを発信。
幼少期，両親の影響で教育の尊さを痛感し，教育職に携わることを決意。進学塾講師，療育指導員，小学校教諭を経験。しかしその中で「発達障害や不登校にかかわらず日本中の子が学びを楽しむ力を培っていけるようにしたい」という思いが次第に強くなり，小学校教諭を退職。デキルバのCPOに就任する。
［執筆２章04，05，15，22～26，36～38，42，43，47，50～52，55～57，61，62］

特別支援教育
苦手さのある子も夢中になる
国語遊び＆教材アイデア

2024年６月初版第１刷刊　Ⓒ著　者　中道貴洋
小澤樹
発行者　藤原光政
発行所　明治図書出版株式会社
http://www.meijitosho.co.jp
（企画）佐藤智恵（校正）武藤亜子
〒114-0023　東京都北区滝野川7-46-1
振替00160-5-151318　電話03（5907）6703
ご注文窓口　電話03（5907）6668

＊検印省略　組版所　藤原印刷株式会社

Printed in Japan　ISBN978-4-18-332436-8